Korean Methodist Church in Australia and New Zealand
History and Character

Rev. Ham Suk-Hyun Studies in Asian Christianity
NUMBER 4
Heerak Christian Kim
Jesus College, Cambridge
Series Editor

Korean Methodist Church in Australia and New Zealand
HISTORY AND CHARACTER

Edited by
Yong-Sun Yang

The Hermit Kingdom Press
Highland Park * Seoul * Bangalore * Cebu

Korean Methodist Church in Australia and New Zealand: History and Character
(Rev. Ham Suk-Hyun Studies in Asian Christianity, 4)

Copyright ©2009 The Hermit Kingdom Press

All rights reserved. No part of this book may be reproduced in any form or by any means, electronic or mechanical, including photocopying, recording, or by any information storage and retrieval system (including computer files in any form), without permission in writing from the publisher.

Hardcover ISBN13: 9781596890695
Paperback ISBN13: 9781596890817

ISSN: 1938-1476

Write To Address:
The Hermit Kingdom Press
P. O. Box 1226
Highland Park, NJ 08904-1226
The United States of America

United States of America
Library of Congress Control Number: 2008942684

Dedicated to All Koreans in Australia and New Zealand

Table of Contents

Prologue   iii

Chapter 1   1
"My First Ministry in Canberra" by Rev. Kee Yoon Kim

Chapter 2   9
"Australia and New Zealand Immigration Church Pastoral Story of 20 Years" (Korean) by Rev. Kyung Soo Oh

Chapter 3   26
"I Will Do Better Tomorrow" (Korean) by Rev. Dong Guk Shin

Chapter 4   68
"A Story of A Methodist Christian Living in Australia" (Korean) by Rev. Hugh Park

Chapter 5   79
"Three Distinctive Characteristics of The Uniting Church in Australia" (Korean) by Prof. Myung Duk Yang

Chapter 6   89
"Woori Methodist Church in Dunedin, New Zealand" (Korean) by Rev. Ki Sung Park

Chapter 7   117
"The Methodist Church and Social Change in Australia" by Rev. Sang Taek Lee

Contents

Chapter 8   **186**
"Wellington Korean Methodist Church's Failure Answered in Hope" (Korean) by Rev. Jeong Whan Lee

Epilogue   **203**

About the Authors   **209**

Prologue

We are living in a world where people from a variety of languages, culture, and faiths become closer to attaining a mutual relationship to each other beyond their different ethnic backgrounds. Migration is one of the phenomena showing the historical development of human society. As Korean migrants living in Oceania, we have our own story to tell, not only to the mainstream people who have been living in their motherland but also to the fellow Koreans who live in the every part of the world, including our homeland, Korea. As life itself is probably a journey of spiritual migration, we as migrants have two possibilities from the experience of living in foreign lands as minority aliens. One is the loss of the identity we believe that we experience. The feeling of being estranged not only from our mother country but also in a new land is the common experience that any migrant would confront in reality. The other is the new finding of the identity that we may have not noticed before we began to start our journey as a stranger. We may find the new identity not only as a Korean but also as an Australian and a New Zealander. This book is an effort to search for the providence of God permeated in our migration history from the perspective of Korean Methodism in Australia and New Zealand.

This collection of a variety of articles about Korean Methodism by Korean ministers in Australia and New Zealand show joy and sorrow, glory and frustration, and gratitude and hope, which are embodied in every word and expression in the articles addressing the various subjects on Korean Methodism by the Korean ministers in Australia and New Zealand. This book is composed of eight articles; five of them are from Australia and three from New Zealand.

Prologue

Korean Methodism in Australia has a quite different landscape to Korea, as a multicultural and ecumenical church history has had a great influence on Australian society. The three main denominations of the Congregational Union, the Methodist Church and the Presbyterian Church became the Uniting Church in Australia in 1977. This historic event permanently changed the shape of the church in Australia. The details of the process are well introduced in the articles by Sang-Taek Lee and Myung-Duk Yang, who serve in the Uniting Church in Australia. The ethos of the Uniting Church is not always comfortable for the ministers coming to Australia with Korean Methodist backgrounds. The struggle to harmonise the unique identity of Korean Methodism with the ethos of the Uniting Church is the main issue for the Korean Methodists. This is well expressed in the article of Kee-Yoon Kim, who serves as the minister of Uniting Church in Canberra. Another article is by Hugh Park, who has a Presbyterian background and serves as the minister of Uniting Church in Sydney. His interview of S. H. Kwon, publisher of the Christian monthly magazine *Christian Review*, also shows that how a Korean Methodist transcends the confusion of identity in Australia. The final article in Australia is written by Kyung-Soo Oh, who has an experience of serving as a missionary and pastor in both New Zealand and Australia. He is the pastor of the Uniting Church in Adelaide, Australia. In his article, we can see how Korean-Methodism finds its way in an Australian-Uniting Church without losing the identity not only as a Methodist but also as a Korean.

Compared to Australia, Korean Methodism in New Zealand shown has different shapes. The matter of denominational crisis in Australia is not the main issue in New Zealand, where the ecumenical movement does not seem to be as strong as it is in Australia. The identity crisis of Korean Methodism in New Zealand is mainly related to economic and cultural backgrounds. Jeong-Whan Lee' article shows how a Korean Methodist minister struggles to pioneer a new frontier in a foreign land. Every church has its own

Prologue

problem and difficulty as a faith community. This reality has no exception even in Australia and New Zealand. Those conflicts and struggles are embedded in all articles but clearly shown in the autobiography of Dong-Guk Shin serving in Hamilton, New Zealand. The experience of Philip Park as a missionary at Fiizi and now serving in Dunedin is also a valuable story to see the landscape of the Korean Methodism in New Zealand.

This book is the result of 50 years of Korean migration history in Australia and 20 years in New Zealand. It deals with the history of individual Korean Methodist churches throughout Australia and New Zealand, the experience of Korean missionaries, the current situation of Korean Methodism in Australia and New Zealand, a general history of Australian Methodism and New Zealand Methodism, the relationship between Korean Methodism in Australia and New Zealand. I hope that this important book will give Korean Methodism in Australia and New Zealand a higher profile around the world and aid in the greater understanding of Koreans and modern Korean studies, and benefit Korean Methodists around the world as well.

Yong-Sun Yang
Wesley Institute, Sydney, Australia

Chapter 1:
"My First Ministry in Canberra"
Rev. Kee Yoon Kim, *BTh, MTh, MTh*

I am a Methodist. I was born in a Methodist family, was raised as a Methodist, and received grace at a Methodist church and studied at the Methodist Theological Seminary, received practical training at Methodist churches, and finally was ordained as a Methodist Minister. Before getting married, I worked at the Methodist Youth Fellowship (MYF) and as a board member attended various meetings held home and abroad. In other words, since being born, there has never been a single day that I was not a Methodist. Even my first child who was born in Australia is named after the founders of Methodism, John and Charles Wesley. My name is included in the Korean Methodist Church minister list, and the name of the church that I serve is also listed in the Korean Methodist Church directory. I have always been proud of being a Methodist, and feel a great satisfaction in serving as a Methodist minister. It is not that I have any preconceptions or am prejudiced against other denominations. However, I can proudly talk about my Methodistness to any one any day. This is exactly like me being proud of being Korean and being able to freely talk about my Koreanness to people from other countries.

Regrettably, although I am a Methodist, most of the time these days, I am unable to represent the Methodist church. In Australia, where I have moved to straight after my marriage in 2003, the Methodist denomination does not exist on its own. In 1977, the

Rev. Kee Yoon Kim

Methodist Church of Australasia, the Congregational Union of Australia and some of the Presbyterian Church of Australia have united to form a new denomination the "Uniting Church in Australia." The church I serve now belongs to that denomination. In fact, most of the Korean Methodist ministers who are serving in Australia belong to the Uniting Church, but this is not a simple issue. Strictly speaking, the church I serve belongs to the Korean Methodist Church, and at the same time belongs to the Uniting Church in Australia. However, not one member of our church regards our church as a Methodist Church. The Canberra Korean Uniting Church was founded in Canberra, Australia's capital in 1984 as the first Korean church. In the last 24 years, the church has been served by three Korean Methodist ministers, including myself. However, the church has always been regarded as a Uniting church, never as a Methodist church. For this reason, Korean Methodists who have recently moved to Canberra and looking for a Methodist church mostly fail to find our church and settle at churches of other denominations.

The fact that the Methodist denomination does not exist independently is something that I cannot do anything about, and I have no wish to go out on my own and start a separate Methodist denomination outside of the Uniting Church. However, as some one who has always identified oneself as a Methodist, it is sometimes awkward to be serving under the name of another denomination. It feels as though I am a tenant living under the roof of a stranger, or having to wear a suit that does not quite fit. Looking at the situation at my church, we have one elder and three 'senior deacons' (or *Gwon-sa*). Our elder and one of our senior deacons are from a very conservative Presbyterian denomination, one senior deacon is a Methodist, and the other has a Baptist background. With people from such various denominations working together, we are often faced with difficulties in dealing with not only administrative issues, but also face problems due to vast differences in our belief systems. I feel this kind of problem can arise not only at the con-

"My First Ministry in Canberra"

gregational level, but at denominational level as well. Apart from the majority Anglo churches, Korean churches make up the second biggest ethnic churches after the Tongans. In order to overcome differences in language, practices, and administrative issues, the Korean churches have made efforts to have an 'alternative provisions for Korean churches' put in place, and have succeeded. According to the alternative provisions, Korean churches can choose between either the Australian or Korean church regulations. In such a case, Korean churches are likely to adopt what is familiar to them, the Korean regulations. However, among these regulations, there are things that have never even been heard of in the Methodist church. For example, in the Korean Methodist Church, when engaging a new minister, there is a special committee designated to do this job. However, at our church, this is decided through vote in congregation meeting where the whole congregation attend. In other words, I, a Methodist minister, have to follow not only Australian Uniting Church regulations, but also sometimes regulations of other denominations in Korea where I do not belong. Although this is not always a bad thing, it is undeniable that I am often faced with confusion of identity serving as a Methodist minister within the Uniting Church.

I love the Methodist church which I was born to, and at the same time, I also love the Uniting Church of Australia that I serve now. If the Methodist church is like a mother, the Uniting Church is like a wife. However, I cannot deny that sometimes my identity of faith seems to be half Methodist and half Uniting Church, or sometimes just vague and ambiguous. Do you have to abandon your mother to be with your wife, or must you deny your wife to remain faithful to your mother who has raised you? Optimistically speaking, I can say that I belong to both denominations, but at the same time I may just be regarded as a marginalized person who belongs to neither. It would be great if I could take both, but in reality, there is no way. In order to become a Uniting Church minister, I must give up my place in the Korean Methodist Church, or to remain a Methodist minister, I cannot become a full member of the Uniting Church.

During the five years I have lived in Australia since 2003, I have visited our neighbouring country New Zealand twice. It is a very beautiful country, but as I already live in a beautiful country, I was not envious of the environmental beauty. What I was envious of, however, was that the Korean Methodist ministers serving there did not have to be confused of their identity as I was. I guess that is why despite there being much bigger Korean population in Australia, there were many more Methodist ministers serving in New Zealand compared to Australia. Although in size and in population Australia is much bigger than New Zealand, in terms of the number of Korean Methodist ministers Australia is the smaller country.

I feel that my confused identity also reflects the unstable identity of many Diasporas who have left their home countries to live in foreign lands. Although there are people who show tolerance towards people who immigrate to an advanced country such as Australia, there are others who treat them as foreigners or even traitors for leaving their home country and taking the citizenship of another country. At the other side, there are locals who do not welcome these migrants and want to keep them outsiders because of the different languages they use, and the different customs they follow. We are aware of Pauline Hanson in support of the rights of the marginalized white labourers entered the political stage with racist and anti-multicultural ideas claiming that if Australia does not restrict Asian immigrants, Australia will soon be crawling with Asians who are not first class citizens. Not all whites supported her ideas, but the results at the polls did reveal that surprising number of people *did* support her ideas. It is not uncommon for migrants to never be accepted into the mainstream society and remain forever outsiders. Treated as foreigners by their country-men, and also by the people of the country they want to make their new home, migrants end up becoming an 'in-between'. That is the suffering of

"My First Ministry in Canberra"

the migrants that make up the congregation of the church I serve, it is also my own suffering as a migrant myself, and the suffering of my child/ren who was born here and will be born here.

In this sense, life of a migrant could be regarded as life of continuous pain. And serving a church of migrants could equally be painful. Sharing a life of faith with migrants still calling the country they have left years ago 'our country (*uri-nara*)', and never being able to call themselves Australians no matter how many years they lived in Australia is not easy. However, I must embrace them as a migrant myself who share the same pain and suffering. Although it is sometimes a great burden to share life with them, at the same time being able to share the same kind of suffering unites us and gives me comfort.

I am serving for the first time in my life as a senior minister, and my definition of life as a migrant can be summarized as Paul's description in 2 Corinthians 12:7 "a thorn in the flesh". He confessed that because the revelation he had received was so great that God had given him an illness to keep him from becoming conceited, and although he pleaded three times to God to remove it, the answer he had received was not what he had wanted. The Lord said "My grace is sufficient for you, for my power is made perfect in weakness." Apostle Paul then changed his attitude and was able to give a beautiful confession of faith: "when I am weak, then I am strong." My experiences as a migrant and ministering at a church of migrants are like 'a thorn in the flesh.' I certainly could enjoy much more here as a church minister compared to Korea in terms of material goods and free time, however I also had to endure pain that non-migrants would not know or understand. So is this a thorn given to us migrants and migrant ministers so that we may not become conceited? In some ways, whether it was given by God or not is not a very important question. What is important is that such pain certainly does exist in the reality of our daily lives, and that by embracing our pain, or the thorn in the flesh, we could become stronger, and that we must become stronger.

In Canberra where I minister, there are officially eight Korean churches including the one I serve. There are 1 Uniting church, 2 Baptist churches, 4 Presbyterian churches, and one Full Gospel Church which is a line of the Pentecostal Church. There are approximately 1500-2000 Koreans, including both permanent and temporary residents, living in Canberra. If we say that about 50% of them are Christians, about 750 to 1000 Koreans are allotted into 8 Korean churches. Just as the Korean churches in Sydney, many of the churches have been founded due church break-ups, and this is a problem that Korean Christians should take very seriously. From 2007, the Korean churches in Canberra have been hosting combined Easter service, but as the wound from the break-ups have not yet completely healed, there is yet to be any active uniting movements. The truth is that uniting of the churches transcending denomination *is* necessary both ecumenically and evangelically, but it is not yet widely welcomed or supported by church members. In particular, most Korean churches do not seem too interested in multiculturalism or many other social issues, such as environmental issues etc. I feel this is the limitations of migrant churches that focus too much on personal salvation rather than social salvation that the Methodism emphasises.

The short turnover of church members is one of the greatest common problems faced by all Korean churches in Canberra. Maybe it is because although Canberra is the capital of Australia, it is a medium sized city with a population of only 300 thousand, or it may be that there are not enough work places for migrant workers. But there seem to be a high ratio of short-term residents such as overseas students or working holiday makers. Although our church is the oldest Korean church in Canberra, there are hardly any church members who have attended our church for more than 10 years. There are people who have moved to other churches after church

"My First Ministry in Canberra"

break-ups, but there are others who have gone back to Korea or moved to other Australian cities due to changes in their circumstances. If churches in Korea have the opposite problem of people who have attended one church all their lives and act as if they own the church, the problem here is that church members feel they are here only temporarily. I feel this will always remain a problem as long as there continues to be church members who suddenly give notice that they would be leaving soon. When I am feeling anxious about the unstableness and variability of Korean migrant churches, what gives me comfort is analogy that 'migrant churches are like dandelions.' Although not every church in Korea is stable, based on the fact that its members would not be moving as much as in migrant churches, they could be compared to a big strong tree that stands in one place for years. On the other hand, migrant churches are made up of people who can pick up and leave at any time, and is therefore more variable and dynamic. In this sense, they could be compared more to a weed than a tree, like the dandelion that lets its seeds fly far away to spread and plant a new flower. 'As the wind blows wherever it pleases' according to John 3:8, the flock I look after could leave any where any day as the Spirit guides, and I must be able to take on the role to help them thrive through the teachings of God's Words and then dispatch them into the world.

Living in Australia as a migrant where many things are different or even opposite to Korea, and to serve a church of migrants as a minister is not an easy task. It is especially hard to serve as a Methodist minister in a country where the denomination does not exist independently because it is living with a vague and ambiguous identity. However, I do not think it is so bad either to live in a new culture where they ask you your first name rather than your last name, to live in a new land with a new identity. I am Korean but at the same time an Australian. Therefore, I am Korean-Australian. Two different cultures are forming a new me, and this process will continue. Doesn't my ministry of serving a migrant church also need to be an embracing ministry that embraces both? I conclude this article with a promise to pursue a ministry vision to include migrants who are excluded from both cultures.

"Australia and New Zealand Immigration Church Pastoral Story of 20 Years" (Korean)

Chapter 2:
"뉴질랜드와 호주의 이민교회 20 년 목회 이야기"
오경수 목사 (아들레이드 한인교회 담임목사)

나의 가족과 함께 타고 온 비행기가 뉴질랜드 오클랜드 국제공항에 착륙할 때를 나는 지금도 생생히 기억하고 있다. 짙은 녹색의 큰 나무들이 태고의 원시처럼 펼쳐진 깨끗한 나라에 착륙하면서 마치 신천지에 온 것 같은 기분이었다. 이민자 누구나 새로운 곳에 도착하면서 공통적으로 경험하는 신선함일 것이다. 그 때가 벌써 20 년이 다 되가는 1989 년 11 월 19 일이다. 30 을 갓 넘은 한국의 감리 교회 목사가 유학의 비전을 갖고 찾아 온 땅이었다.

나는 1982 년부터 8 년간 시골과 서울에서 목회를 하였다. 젊은 날의 꿈은 유학을 가서 박사 학위를 받고 모교에 돌아가 연구하며 후학을 가르치는 일이었다. 그래서 시작된 외국의 삶은 아직도 계속하고 있다. 학위를 목적으로 조국을 나왔는데 그것이 영원한(?) 외출이 될 줄은 몰랐다. 공부하고 싶었던 웨슬리 신학으로 철학 박사 학위는 이루었지만 이제는 여러 가지 여건상 돌아갈 수 없는 외국의 나그네 이민 교회 목사로 목회하고 있다.

Rev. Kyung Soo Oh

이 글은 여러모로 부족한 내가 이민 목회 노정을 근 20 년간 걸어오면서 겪은 그 길목 길목의 이야기이다. 비록 개인적인 체험 이야기 일지라도 이민 교회 현장을 이해하는데 조금이나마 도움이 되기를 바란다.

(1) 뉴질랜드 오클랜드에서의 목회 이야기

1989 년에 공부하러 나온 나는 공부하면서 이민 교회 개척 목회를 시작하였다. 그 때가 1990 년 4 월 18 일이다. 오클랜드 현지에 두 개의 교회가 있었다. 장로 교회와 순복음 교회였다. 두 교회는 젊잖게 말하면 반목과 대립이고 실질적으로는 서로 교회의 목사 존재를 우습게 알며 그 존재를 인정치 않는 피터지는 싸움을 하고 있었다. 이 와중에 교회다운 교회를 세우자고 12 명이 모여 시작한 교회가 내 집에서 시작한 '오클랜드 한인 중앙 감리 교회'이다. 마운틴 이든 (에덴동산 9/62 Grange Road, Mt. Eden)에서 시작한 이 교회는 한국의 기독교 대한 감리회 목사로서 뉴질랜드에서 처음 설립한 뉴질랜드 한인 감리 교회이다.

한 동네에 있던 피지 감리 교회의 모세 목사의 자원적 주선으로 1990 년 5 월 6 일에 오클랜드 시내 한 복판에 있는 'Auckland Methodist Central Parish & Mission'의 Aotea Chapel(370 Queen Street, Auckland)에서 입당 예배를 드렸다. 오클랜드 중앙 교구의 한국인 교회로써 아오테아 예배당을 사용하도록 허락을 받고, 한 교구의 일원으로 뉴질랜드 감리교인들과 교구를 이루었다. 예배는 한국어 예배로 매주 드리면서 매달 첫 주일은 함께 성찬 예배를 드렸다. 영어와 한국어로 만든 성찬식 순서지를 교독하듯이 읽으며 예배를

"Australia and New Zealand Immigration Church Pastoral Story of 20 Years" (Korean)

드렸는데 서로 언어가 달라도 정말 매끄럽게 이어지었다. 서로 눈치가 빨랐는지, 성령의 강동하심인지 은혜롭게 조화를 이루는 예배였다. 설교 말씀을 통역하느라 힘들었지만, 영어 설교자의 설교가 늘 짧아서 성도들은 좋아하였다.

첫 번째 세례식을 1990년 12월 23일에 베풀었다. 다음해인 1991년 3월 6일에 교회 부설로 '오클랜드 한글학교'(Auckland Korean School)를 오클랜드에서 최초로 개교하였다. 그 해 서울 마포 지방에서 함께 목회하던 도건일 목사님이 뉴질랜드를 여행하시다 감리 교회를 찾는 가운데 나와 연락이 되어 여행 숙소에서 만나게 되었다. 객지에서 반가운 만남이었다. 이 분이 귀국하는 중에 시드니에 들려 시드니 한인 연합 교회의 이상택 감리교 목사를 만나 나와 교회에 관해 이야기를 나누고 필요한 것을 지원해 주기로 하였다. 이 계기로 아직 창립 예배를 드리지 않고 있던 차에 시드니 한인 연합 교회에서 이상택 목사님과 30여명의 교우들이 찾아 오셔서 중앙 교구원들과 한인 교민들을 초청하여 1991년 11월 24일에 창립 예배를 드렸다. 이때 교회 명칭을 오클랜드 중앙 감리 교회에서 '오클랜드 한인 연합 감리 교회'로 개명하였다. 이후 시드니 한인 연합 교회에서 정성 어린 선교비를 보내주었는데 그 관심과 기도 그리고 물질적 도움의 사랑에 지금도 진심으로 감사히 여기고 있다.

1992년 7월 10일에 기독교 대한 감리회 본부(감독회장 곽전태)로부터 뉴질랜드 선교사로 파송장을 받았다. 마태복음 28장 18-20절과 선교사 관리규정 제4조에 의거하여 뉴질랜드에서의 목회, 선교, 전도, 교육, 봉사 활동을 위한 선교사로 파송한다는 내용의 파송장이었다. 소속 교회는 내가 한국에서 마지막으로 시무하였던 서울 연회 서대문지방 창천 교회였다. 셀프 써포팅(텐트 메이킹) 선교사인 내 작은 붉은 색 도요타 코롤라 차에 얼마나 많은 청년 교우들을 태우고

Rev. Kyung Soo Oh

다녔던지 뒷 바퀴 쇼바가 고장나서 차 뒤쪽은 늘 붕붕 떠오르며 다녔다. 그래도 그 차가, 한국의 기독교 방송국 사장 목사님이 오클랜드에 출장차 왔다가 된장찌게 드시려 목사관에 오셔서 하는 말씀이, 넘버판이 MD 로 시작하는 차이니 뉴욕에서는 메디칼 닥터만이 탈 수 있는 자동차라는 것이다. 왜 그런 말씀을 하셨는지 모르겠다. 하여튼 나는 그렇게 교우들과 동거동락하며 젊은 날의 개척 목회를 즐겼다.

교민들이 늘어나면서 한국인 교회들이 7 개가 되었다. 나는 오클랜드에서 교회 간의 화목을 위해 나설 분위기가 되었다고 생각하였다. 그래서 교회간의 평화로운 공존을 도모하고 목사들간의 반목을 줄여 선량한(?)교민들의 화합을 위해 오클랜드 한국인교회 담임목사협의회를 만들자고 목사들에게 제안하였다. 모두 좋아하였다. 다만 누가 처음 회장이 되어야 하는지에 관심이 깊은 목사들이 있었다. 그래서 나이 많은 목사 순으로 1 년간씩 회장을 하기로 제안하였고 누구나 다 찬성하여 순조롭게 '오클랜드 한국인교회 담임목사협의회'가 1992 년에 결성되었다. 나는 총무로 선정되었고, 그 해 4 월 9 일에 오클랜드 한국인 교회들이 제 1 회 부활절 연합 새벽 예배를 내가 시무하는 아오테아 예배당에서 드렸다. 이후 목사들이 매달 만나 교제를 나누면서 화해할 사람들은 화해하였고, 이단들이 새로운 이민 사회에 침투하는 것을 공동으로 대처하면서 잘 막았다. 내가 회장이 될 순서가 되면 꼭 나이 많은 목사가 새로 와서 오클랜드를 1997 년에 떠날 때까지 총무만 하였다.

1993 년에 크라이스트쳐지에서 열린 뉴질랜드 감리교단 총회에서 뉴질랜드 감리 교단의 정회원 목사로 인준을 받았다. 교회가 부흥하여 시티 한 복판에 있는 아오테아 예배당이 비좁아졌다. 특히 어린이들의 교육 공간과 뛰 놀 곳이 마땅치 않았다. 그래서 오클랜드의 북쪽 바닷가 여유로운 동네 노스

"Australia and New Zealand Immigration Church Pastoral Story of 20 Years" (Korean)

쇼어의 타카푸나 감리 교회로 이전하기를 중앙 교구에 건의하였다. 어미 닭이 계란에서 병아리를 부화시키기 위해 참고 견디며 따스한 사랑으로 생명을 준 것처럼, 한국인 교회를 위해 사랑을 베풀어준 정든 교구 식구들을 떠난다는 것이 모두에게 쉬운 일은 아니었다. 6개월간의 긴 회의 절차를 거쳐 타카푸나 감리교구에서 한국인 교회를 환영한다고 연락이 왔다. 1994년 3월 13일 타카푸나 감리 교회(427 Lake Road, Takapuna)로 이전하여 첫 예배를 드렸다. 타카푸나로 이전 한 후 교회는 더욱 부흥하여 재정적으로 자립하였다. 1994년 5월 1일에 '오클랜드 영어 학교'(Auckland English School)를 개교하여 새로 이민 오는 교민들을 섬길 수 있었다. 다음 해 1995년 4월에 성도들의 수고를 모아 '등불'지 창간호를 교회에서 발간하면서 문서 선교의 첫 발을 내디디었다.

이민자를 섬기는 교회는 어느 교회나 마찬가지로 선교적 교회이다. 예수님을 구주로 믿지 않는 사람들도 여러 가지 이유로 교회에 온다. 이들을 영적으로 다시 태어나 그리스도인이 되도록 교회 내에서 선교의 일을 다 해야 한다. 또한 이민자의 교회 목회는 토탈 케어의 목회를 해야 한다. 말씀과 기도에만 전력할 수 있도록 목회자를 놔 두지 않는다. 교인들은 목사의 영적인 목회 사역뿐만 아니라 생활의 문제를 위해 기도하고 발로 나서 도와주기를 기대한다. 나는 생활 속의 목회 사역도 즐겁게 하였다. 그리고 더 잘해보고자 새로운 계획을 세웠다. 외국 땅에서 정착하고 살아가는 나그네 이민자들이 당하는 어려움들과 불이익들을 위해 그리스도의 정신으로 돕는 변호사가 되어 변호사 목사로 세상을 하나님 나라로 만들겠다는 젊은 날의 야심찬 목회 계획이었다. 시드니의 뉴싸우스 웨일즈 대학교(UNSW) 법대에서 입학 허가서를 보내왔다. 1997년 2월에 나는 붙잡는 성도들을 내버려 두고 시드니로 가는 목자로서 못할 짓을 하고 말았다. 한국에서 목사님을 초빙하여 교회 식구들을 맡기었다. 오클랜드에서 함께 한 고맙고 사랑하는 사람들이 많다. 케빈 다이슨 박사의 지도를 받으며 뉴 커버넌트 인터네셔날 유니버지티에서 선교학으로 신학 박사 학위를 마칠 수 있었던 것도 귀한 경험이었다. 세월이 흐를수록 오클랜드의 좋은 사람들과 함께 오래 있지 못해서 참으로 죄송하며 아쉽다. 그리고 그들과 그리스도 안에서 사랑을 나누던 때를 생각하며 감사한 마음을 갖는다. 모두 다 보고 싶은 얼굴들이다. 한편 섭섭했던 일들이 어디 사람 사는 곳에 없겠는가? 뉴질랜드에서 있었던 그런 일들과 사람들이 지금 생각해 보면 다 나를 철들게 한 내 스승이었다.

(2) 호주 시드니에서의 목회 이야기

1997 년 2 월에 시작한 시드니의 뉴 싸우스 웨일즈 유니버지티(UNSW) 법학대학 공부는 도전적이었다. 교회밖에 처음 나온 나는 마치 표호하는 젊은 사자처럼 세상을 정복하려 하는 기개로 가득 찬 시드니의 엘리트 40 명이 모인 클라스에 앉아 있었다. 모두 학부 전공이 달라서 개성이 독특하게 다양했다. 아시안 목사인 나는 그들 눈에 더욱 특이했을 것이다. 공부하는 과정 중 하나로 실제 법원 재판정에 가서 재판 내용과 절차를 보고 레포트를 제출하는 일이 있었다. 보편적으로 선험적 경험으로 주관적 진리 판단에 이르는 것처럼, 나는 자연스럽게 목회자 경험의 안목을 갖고 재판 과정을 진단하게 되었다. 변호사가 자신의 고객인 피고자를 위해 무죄를 변호하는 열심의 프로정신을 보았다. 내가 목사로서 교인들의 영혼 구원을 위해서 과연 육신의 안전을 위해 변호하는 변호사 이상의 열심과 프로정신/사명을 얼마나 수행하였는지 되돌아 볼 수 있었다.

"Australia and New Zealand Immigration Church Pastoral Story of 20 Years" (Korean)

교도소에 죄수로 들어가지 않으려고, 또는 죄수로 있으면서 거기서 나오려고 모든 물질과 삶의 관심사를 집중시키는 피고인들이 그들의 영원한 영혼 구원을 위해서는 얼마나 힘쓰는가도 생각해 보았다. 한 육신의 자유로운 보전을 위하여 전력을 다하는 변호사의 사명도 귀하지만, 내가 목사로 부름 받고 변호사의 사명만 수행하다 그 자유로워진 육신의 생명들이 영원한 하나님의 나라에 들어가지 못하게 되면 그 책임이 나의 본연의 영혼 구원의 부름 받은 사명을 방임하는 것이라고 찔림을 받았다. 한 영혼이 구원받아 영생의 자유를 갖는 성도로 변화(transformation)받아 세상도 이기고 영원한 삶을 누리게 하는 목회의 사명이 얼마나 귀한 것인지 다시 한번 깨닫게 되었다. 재판정의 프로들이 공방하는 과정에서 보여주는 열심과 상식이 통하며 호소력 있는 변증의 설득력은 목회자들이 영혼 구원을 위해 필수적으로 가져야 할 은사라고 느꼈다. 다시 나는 영혼 구원의 목사로 돌아올 소명(calling)을 받았다. UNSW 는 나의 시드니 신학교이었다. UNSW 에서 새로운 깨달음을 얻은 나는 더 이상 법을 공부할 필요성이 없다고 보았다. 나는 법대 공부를 멈추고 시드니 던다스에 '시드니 사랑의 교회'를 개척하였다.

던다스 연합 교회 교구는 외국에서 온 사람들에게 예배당을 빌려 주지 않는 교회로 시드니 목회자들에게 알려져 있었다. 나는 던다스 연합 교회 예배당에서의 나의 개척 교회 비전과 계획을 편지로 써서 교회 서기에게 전달하고 가족과 함께 그들의 예배에 참석하였다. 그들 교회에 등록한 교회 가족이 되어서 내가 써 보낸 편지가 그들의 교회 회의에서 결정이 될 때까지 기다렸다. 호주 교회는 무슨 새로운 일이면 여러 절차의 회의들을 통해 장시간 숙고하며 결정하는 장단점 다 갖고 있는 교회이다. 예배당 빌리는데 보통 없던 일인데, 그들은 노회까지 가서 나의 편지를 가지고 논의하였다. 결국 결정한 내용은 한 지붕 두 가족 교회가 아니라 한 지붕 한 가족

Rev. Kyung Soo Oh

교회로 던다스 교회 안의 한국어 사용 예배 공동체 교회로써 시드니 사랑의 교회를 개척하라는 내용이었다. 남남으로 예배당 사용료 주고 받는 교회가 아니고 한 교회 공동체가 되자는 관심과 포용의 결정이었다. 닫혔던 그들의 마음 문을 활짝 열고 한국인들을 교회의 한 식구로 맞이하여 한국어 공동체가 발전되도록 지원하는 일이 벌어진 것은 성령님의 간섭하심과 역사였다. 이는 또한 나의 '트로이 목마' 전략이 성공하도록 이끄신 주님의 은혜였다.

던다스 연합 교회 교구 안에서 우리는 이민자를 섬기기 위한 영어 교실을 개설하였다. 나의 비전을 던다스 연합 교구에서 적극적으로 지원하였다. 정식으로 교구 안의 선교 프로그램으로 함께 섬기었다. 대학 테솔 과정 영어 교육을 하고 있던 던다스 연합 교회 사모님이 코오디네이터가 되어 프로그램을 만들어 리더해 갔고, 대학에서 영문과 교수로 있는 장로님 내외가 한국인들의 발음 교정을 손수 해 주며 봉사하였다. 젊은 직장인 교우는 한 주간의 신문을 스크랩하여 와서 독해와 시사 영어를 원하는 사람들에게 봉사하였다. 평범한 가정 주부 모녀도 와서 나름대로 영어 교실을 도와주려고 힘썼다. 우리는 한 팀이 되어 재미있게 봉사하였다. 개척한 교회는 자리를 잡아가고 재미있게 부흥해 갔다. 한 작은 소자의 영혼도 귀하게 여기는 사랑의 공동체 교회로 발전해 갔다.

그러던 어느 날 시드니에서 목회하는 감리교 목사님들이 내 목사관에 모여 식사를 하게 되었다. 대화 중에 아들레이드에서 목회하고 있는 목사님이 무작정 시드니로 온다고 교회에 선언하고 이주를 준비하고 있다고 하였다. 그래서 아들레이드 교회에서 목사를 청빙 하는데 거기에 가려고 하는 목사가 아무도 없다는 것이었다. 누구도 그 이야기를 하면서 아무 느낌 없는 소식으로 나누는 대화이었다. 그런데 두 주간이

"Australia and New Zealand Immigration Church Pastoral Story of 20 Years" (Korean)

지나면서 이 대화 내용이 점점 나에게 회상이 되어 왔다. 마치 마게도내에서 바울을 부르던 사람의 환상이 바울을 흔들었던 것처럼, 아들레이드에서 부르짖는 소리가 나를 흔들었다. 목자 잃은 양들의 간구를 주님이 들으시고 나에게 반사시켜 주는 듯 했다. 집사람에게 의향을 물었다. 내가 가면 가겠다고 하였다. 그래서 나는 시드니에서도 오클랜드에서처럼 목자로서 못된 짓을 시드니 사랑의 교회 식구들과 던다스 교회 교우들에게 저지르고 말았다. 무작정 상경한 아들레이드의 목사님은 다른 교회에 가기로 결정했다가 우리 교회를 와서 성도들을 만나더니 우리 교회로 오겠다고 하였다. 성도들을 그 목사님께 맡기었다. 2000 년 1 월의 일이다. 이제 떠난 지 9 년이 다 되 간다. 그래도 지금도 만나면 여전히 그 때 그대로의 정을 나누며 반가우니 감사한 일이다.

(3) 호주 아들레이드에서의 목회 이야기

일부러 경험 삼아 시드니에서 24 시간이 걸리는 기차를 타고 내 가족은 호주 넓은 땅을 절반쯤 횡단하여 아들레이드에 도착하였다. 시드니에 비해 주거 환경이 잘 정비되고 조용한 여유 있는 도시였다. 여유 있는 아들레이드의 차량 운행 제한 속도는 60km 이었다. 대부분 70km 이었던 시드니에서 운전하다 온 나는 쉽게 엑써레이트를 밟아 차량속도 위반으로 수 차례 걸쳐 범침금을 물었다. 여름에 날씨는 얼마나 더운지 40 도가 넘는 날들이 계속 되었고, 목사관 벽의 벽돌들이 불이 붙은 것처럼 뜨겁게 달궈져 저녁에도 집안이 뜨거웠다. 그런 날이면 바닷가 언덕에 가서 한참이나 있으면서 바닷 바람을 쐬다가 돌아왔다. 정착하여 살면 더위를 이기는 비결을 배우고 잘 사는데 처음 온 사람들은 몰라서 고생들을 한다. 아들레이드는 지중해 식 기후라서 여름에 확끈하게 덥지만

Rev. Kyung Soo Oh

습도는 없다. 더위도 끈적거리는 것이 없다. 그래서 아들레이드 주변에 포도주 와이너리가 백 여개가 넘게 발달되어 있다. 호주 포도주 생산량의 50 퍼센트, 수출의 60 퍼센트를 한다고 한다. 포도주는 경제적으로 아들레이드에 리퀴드 골드(액체 금)이다. 하지만 포도주를 못 마시는 사람들에게는 그림의 떡이 아니라 그림의 포도주이다.

아들레이드 한인연합교회(Adelaide Korean Uniting Church)는 아들레이드 시티의 바로 남쪽에 있는 언리(Unley)에 위치해 있었다. 내가 제 3 대 담임 목사로 부임하던 2000 년 1 월 31 일은 교회 창립 12 주년 되는 날이었다. 창립 주일 기념 예배가 담임 목사 부임 예배로 드려졌다. 12 년 전에 창립하신 김윤상 목사님의 비전과 수고를 감사히 여기면서 더욱 교회를 부흥 발전시키고자 하는 사명과 각오로 부임했다. 부임 후 2 달 후에 교회 이름을 변경하였다. 11 자 되는 긴 이름을 9 자로 줄였다. 더 이상 줄일 수 없었다. 그리고 이민 교회에서 교파 이름을 내 세우지 않고 누구나 신앙 생활 할 수 있는 여건을 주고 싶었다. 그래서 '아들레이드 한인 교회'(Adelaide Korean Church)라고 변경하였다. 다음으로 한 일은 내 목사 임기를 위임 목사(Life-term Minister)임기로 결정한 일이다. 이 교회는 한국 감리 교회에 속하면서도 호주 연합 교회에 속하여 있다. 담임 목사 임기는 호주 연합 교회 헌법에 의하여 호주인 교회 목사의 임기 제도를 따르든지, 아니면 한국인 교회를 위한 연합 교회 헌법을 따르든지 교회가 선택할 수 있게 되어 있다. 장기 목회 비전을 갖고 있는 나의 의견을 교회의 교회 협의회와 공동 의회가 존중하여 나의 위임 목사 평생 목회직을 받아들여 가결하였고, 마운틴 로프티 노회에서는 조사 과정을 거친 결의를 하여 인준하였다. 그래서 은퇴 시까지 장기 목회 계획을 세우고 목회할 수 있는 평생 위임 목사로 연합 교회 남 호주 총회로부터 임명되었다. 이 내용이 중요한 것은 이민자 교회의 연합 교회가 담임 목사 임기제를 호주 방식으로

"Australia and New Zealand Immigration Church Pastoral Story of 20 Years" (Korean)

채택하면 매 3 년마다 있는 신임투표에서 교인들의 의견을 물어야 하는데, 이 때 의견이 나누어지면 휘몰아치는 혼돈 가운데 교회 분열이 생기게 된다. 시드니의 어떤 목사님이 목회하는 교회에서 나는 이러한 싸움과 분열의 참혹스런 고통을 그 현장 속에서 볼 수 있었기에 임기제를 통해 목회자의 목회권을 제한시킬 소지를 위임 제도로 미연에 막고자 하였다. 이민자 교회의 안정과 목회자에게 필요한 유비무한의 제도이다. 더 긍정적인 것은 목회자가 장기 목회 계획을 세우고 소신껏 교회의 부흥과 발전을 위해 헌신할 수 있는 기회가 부여되어야 한다고 확신했다. 사실 이 때의 결의로 인하여 그 후에 발생하였던 교회 내 일부 불평 자들의 불미스런 행동들이 분열을 야기치 못하고 사그라져 교회가 더 굳건히 발전해 나갈 수 있었다.

아들레이드 교회에 부임해 보니 세 교회 공동체가 한 예배당을 시간 별대로 나누어 사용하고 있었다. 9시 30분에 영어 예배 공동체, 11시에 한국어 예배 공동체, 그리고 1시에 헝가리어 예배 공동체였다. 주일에 교회에 가면 먼저 예배를 드린 사람들이 커피를 마시며 교제하고 있고, 또 우리가 예배를 마치고 점심 식사하고 있으면 헝가리 사람들이 들어왔다. 나는 우리의 불편함을 언리 교회 관계자에게 말하였다. 그러자 헝가리 사람들을 내보내겠다고 하였다. 나는 두 손들어 막았다. 언리 교회는 말번 교회와 함께 한 교구를 이루고 있었는데, 교구 본부 예배당인 말번은 아주 크고 혼자 사용하고 있었고 우리가 사용하는 사랑방 같은 언리 예배당에서는 세 공동체가 서로 부딪히고 있었다. 그래도 이 교구에서는 자기들 안방은 내줄 수 없다는 무언가 넘지 못할 선이 있었다. 벽이 두꺼웠다. 모두가 사는 길을 위해 기도했다. 응답이 왔다. 두 개의 호주인 연합 교회가 합치게 되어 한 예배당을 팔려고 하는데, 그 중 한 예배당을 한인 교회가 사용할 수 있도록 무언가 해보자고 낸 커 노회장이 나를 격려해 주었다. 기도를 더 하였다. 그

Rev. Kyung Soo Oh

예배당은 시가로 300 만 달러 정도 되는 예배당과 땅이었다. 기도 외에는 무엇도 할 수 없는 한인 교회 처지였다. 또 응답이 왔다. 하나님도 좋으셨고 호주 교인들도 고맙고 연합 교단에도 감사 드릴 일이 벌어졌다. 이전해 가는 교회에서 누구에게도 예배당을 팔지 않기로 했다. 교단 총회에서 10 만 달러를 이전해 가는 교회에 주고 그 예배당은 우리 한인 교회에 주겠다는 총회의 결정이었다. 숟가락 하나도 건드리지 않고 모두 우리에게 남겨 주었다. 거저 받은 풍성한 은혜였다.

그런데 답답한 일이 드러났다. 교인들간에 은근하게 속에서 흐르는 두 파가 있었는데, 새 예배당으로 이전하면 현재 예배당을 빌린 주체 세력이 주도권이 없어지고 다른 쪽 사람들 사는 지역에 새 예배당이 더 가까워지게 되어 기분 나쁘다는 것이다. 그래서 예배당 이전이 달갑지 않은 것이다. 다른 쪽 사람들도 집에 가까워져 좋은데 이 일이 목사가 주도하여 되어진 일이라서 적극적이지도 않았다. 지금까지 주일날 한 번 와서 예배 잘 드려왔던 이들에게는 이대로가 그런대로 좋다는 얘기다. 참으로 복잡한 자기 중심적 이기심들의 얽힘이었다. 큰 하나님의 나라와 장래의 자손들을 바라보지 못하는 이들을 바라보는 마음이 답답했다. 기존 이민 교회에서 교인이 주도권을 가지고 운영(?)되어 온 교회의 한 현상이었다. (현재는 이런 현상이 교회에서 말끔히 없어졌으니 참으로 감사한 일이다.) 나는 이민 사회에서 개척하여서만 목회하였었기에 이런 일은 상상도 못했던 일이었다. 남의 교회 예배당 빌려 목회하는 목사가 쓰레기 하나 흘려 있다고 호출되어 뒷 정리해야 하는 심정을 누가 이해하며, 된장국 냄새 배일까 봐 눈치 보며 끓여 먹이는 주방의 사모와 헌신자들의 마음을 교인들이 알고나 먹고 위로는 할 줄 아는가? 하지만 하나님의 거대한 구원의 수레 바퀴는 돌 뿌리에 걸린다고 멈추지 않았다. 드디어 2000 년 10 월 22 일 아들레이드 한인 교회는 새 예배당(40 Third Avenue, St

"Australia and New Zealand Immigration Church Pastoral Story of 20 Years" (Korean)

Morris)에서 입당 예배를 드렸다. 이제야 한인 교회가 이민의 노정에서 영원한 보금자리를 얻고 정착하게 되었다. 여기가 한인 교회 성도들의 신앙 터전이요, 한인 사회를 섬기는 모임과 교육 센터의 중심으로 자리 잡은 것이다. 또한 거저 받은 교인들이니 교회 예배당 주인이라고 주장하며 오고 오는 목회자와 교우들에게 교회토주대감 노릇 할 수 없이 겸손히(?) 교회 다니게 되었으니, 목회하는 목사로서 참으로 다행이라 여기며 세심하신 하나님이 우리를 너무나 잘 아시고 살펴주시는 그 은혜에 감사와 영광을 드린다.

다음 해 2001 년 6 월 22 일에 교회에서 50 분 거리에 있는 목사관을 교회근처로 재구입하여 옮기었다. 같은 달 6 월 24 일에 교회 음악 담당 정은주 전도사님을 한국에서 초빙하여 성가대를 활성화시켰다. 2002 년 1 월이 시작되면서 스코트 리취필드 목사님을 태국 선교사로 다른 연합 교회들과 함께 협력하여 파송하였다. 2004 년 12 월에 그간 아들레이드 교회에 부임한 2000 년부터 앤드류 듀트니 박사를 슈퍼바이저로 삼아 지도를 받으며 시작한 프린더스 대학교(Flinders University) 철학 박사 학위(Ph.D. 논문 제목- A Comparative Study on the Idea of Salvation: Wang Yang-ming and John Wesley)과정을 마치고 교우들과 교민들로부터 박사 학위 취득 축하를 받았다. 내가 감리교 목사로써 깊이 공부하기 원했던 감리교의 창시자 존 웨슬리의 신학과 내가 성장한 조국의 삶의 근간을 이루어 온 유교의 양대 흐름 중의 하나인 양명학의 왕양명 사상을 비교 연구하였다. 특히 그들의 구원관(idea of salvation)을 비교하면서 기독교 구원관을 더욱 분명히 밝힐 수 있었고, 유교의 성인(sage)이 되기 위한 사상과 종교 체계를 이해하여, 기독교인의 구원을 이루는 삶의 구현과, 유교권 속에서 살아가는 이들에게 기독교 선교를 어떻게 할 수 있는 지 그 접촉 가능성들을 찾아 볼 수 있었다. 내 개인에게는 큰 깨달음의 귀한 공부였다. 이 깨달음은 내 목회

Rev. Kyung Soo Oh

내용을 새롭게 해 주었다. 뿐만 아니라, 시드니의 웨슬리 대학교에서 웨슬리 신학과 선교학을 가르치게 되어 보람을 느끼고 학생들과 함께하는 즐거움도 누린다.

2006년 2월 20일에 아들레이드에 찾아오는 한국인들을 위해 임시 숙소인 '돌 베개 꿈 선교 센터'(Stone-pillow Dream Mission Centre)를 마련하였다. 존 웨슬리가 런던에서 개설했던 스트렌저 하우스와 비슷한 취지의 성격을 갖은 임시 선교 숙소이다. 주일학교에서 사용하던 교회 뒷 편의 방들을 임시로 거처할 수 있는 방들로 꾸몄다. 교회 성도들이 선교의 열정을 가지고 헌금하고 구슬 땀을 흘려 일하면서 정성을 다 한 숙소이다. 시설은 좋은 호텔 같지 않아도 내 눈에는 성도들의 따뜻한 사랑이 배어있는 어느 곳보다 귀한 안락한 숙소이다. 야곱이 집을 떠나 홀로 나그네 길을 떠나던 밤, 광야에서 돌 베개 베고 잠잘 때 신령한 꿈을 꾸고 벌떡 일어나서, 그 돌을 제단 삼아 예배하며 '하나님이 과연 여기 계시거늘 내가 홀로인 줄 두려워하였도다' 하며 미지의 길을 확신을 가지고 하나님과 동행하며 승리의 길을 걸어갔듯이, 그러한 꿈을 꾸며 외국의 삶을 시작하는 숙소가 되기를 바라는 마음이다. '돌 베개 꿈 선교 센터' 명칭이 길고 이상하겠으나, 내가 새벽 기도 하며 영감 받은 명칭이다. 그간 3년 간에 많은 분들이 집을 구하기까지 저렴하게 머물면서 성도들의 환영과 도움을 받고 잘 정착해 갔다. 요즘에는 교회에 나오는 자취생들에게 김치를 담아 무료로 나누어 주는 교회 집사들이 사랑으로 잘 익은 김치를 임시 숙소 선교관에 머무는 사람들에게도 주고 있다. 헌신하는 집사님들이 고맙다. 우리 교회 홈페이지(www.adelaidechurch.net)는 사실 이 돌 베개 꿈 선교 센터 임시 숙소를 운영하기 위한 주요 동기에서 2006년 2월 11일에 개설되었다.

2008년에 들어와서 3월 2일 몇 년간 준비해 온 이민자와

"Australia and New Zealand Immigration Church Pastoral Story of 20 Years" (Korean)

유학생 부모를 위한 '아들레이드 한인 교회 영어 교실'을 교회 강당에 개설하였다. 대학에서 30 년간 영어를 가르쳐 온 베테랑 영어 선생님이 매 주 수요일 오전에 가르치고 있다. 우리 교인들보다 타 교회와 한인 교민들이 와서 열심히 공부한다. 그들의 말이 쥬디 선생님이 아들레이드에서 최고라 한다. 1989 년 3 월 1 일에 설립된 우리 교회 부설 한글 학교(Adelaide Korean School)를 내가 부임하면서부터 교장으로 운영해 오고 있다. 금년부터 질 좋은 교육을 위해 한국에서 최고의 교재 중의 하나인 '눈 높이 국어 학습 교재'를 구입하여 교회와 교민 자녀들에게 교육하고 있다. 대사관을 통해서 제공받는 한국의 교재보다 학부모들이 최고로 여기는 교재로 질 높은 필요 충족의 만족 교육을 하기 위함이다. 매 주 화요일 저녁에 교육하는데, 오는 학생들과 가르치는 교사들은 주간에 귀한 시간을 내어서 다른 공부 못지 않게 중요한 공부로 여기며 배우고 가르치고 있다. 또한 한국 어린이를 입양한 호주 어머니들이 금요일 저녁에 와서 한국어를 배우고 있다. 한국어를 배워서 입양한 한국 아이들에게 나름대로 한국의 얼을 심어주겠다는 그들의 마음이 얼마나 아름다운지 성녀의 마음이 그런 마음이 아닐까 생각해 본다. 그래서 교회의 본질인 선교뿐 아니라 교회에서 하는 섬김의 봉사는 영어 교실이든 한글 학교이든 최선을 다 한 최고의 명품으로 대접해 드려야 한다고 생각한다. 그런 면에서 최근 2008 년 6 월 27 일에 교회 강당에 개설한 '아들레이드 한인 교회 Playgroup'도 어린 아기들을 가진 교민들에게 귀한 도움이 되고 있다. 태어나면서부터 5 살까지 어린이들과 부모들을 위한 플레이 그룹은 사설 유치원과는 달리 교회에서 무료로 지역사회의 어린이와 부모를 위해 개설하는 프로그램이다. 특히 부모가 함께 프로그램 진행에 참여하여 운영하는 성격을 갖고 있다. 이번에 우리 교회가 아들레이드 한인 사회에서 처음으로 시도하였다. 매주 금요일 오전에 한국어로 하는 이 프로그램은 주간의 다른 영어 사용

Rev. Kyung Soo Oh

프로그램에 다니는 대부분의 어린이들에게 말을 배울 때부터 한국어로 놀고 배우는 기회를 주게 되어 한국어의 필요성과 배움의 계기를 갖게 하는 목적도 있다. 그래서 한국 입양아들과 호주 어머니들도 열심히 참여하고 있다. 교회 성도 중 한 분이 한국에서 유치원 원장으로 유아 교육에 종사하였던 전문인이었다는 것을 알게 되어 이 플레이 그룹의 리더 담당자 (코오디네이터)로 수고해 주실 것을 부탁 드렸다. 너무 기뻐하며 최선을 다 해 섬기고 있다. 물 만난 물고기 같다. 보통 교회 생활에서 볼 수 없었던 전문인 프로 근성이 그 속에 보화처럼 감추어져 있었다. 성도의 은사 개발은 교회 내 신앙 생활 범위에 그치지 않고 사회 속에서도 그리스도의 정신으로 섬기는 은사 개발로 펼쳐 나아가야 한다고 새삼 생각해 본다. 그래서 주님이 우리에게 너희는 세상의 빛이며 소금이라고 말씀하셨으리라. 나는 목회라는 것이 삼위일체 하나님의 은혜 안에서 주님의 말씀으로 사람을 그리스도인으로 변화(transformation)시켜, 교회 안에서 뿐만 아니라 세상의 빛과 소금으로 하나님의 나라를 이루어가는 사명을 감당하게끔 성도의 은사를 발견하고 세상의 리더자들로 양육하고 훈련시켜 세워가는 것이라고 본다.

1982 년부터 27 년간 목회하고 근 20 년간 뉴질랜드와 호주에서 걸어 온 이민 목회를 뒤돌아 보았다. 무익한 종을 하나님이 그 나라와 의를 위하여 나름대로 사용하여 주셔 왔으니 감사할 뿐이다. 또한 나를 돕느라 늘 고생하면서도 여기까지 함께 해 온 나의 집사람의 헌신과 사랑이 고맙고 감사하다. 사랑의 하나님이 동역하는 집사람의 마음에 늘 따스한 위로를 주셔서 평안이 가득하기를 기원한다. 또한 목회에 함께 동역해 주는 평신도들에게도 늘 감사한 마음이다. 앞으로 은퇴할 때까지는 산술적으로 20 년이 남았다. 남은 20 년간의 목회에는 은혜의 하나님이 더욱 주도적으로 인도해

"Australia and New Zealand Immigration Church Pastoral Story of 20 Years" (Korean)

주시는 가운데 존천리 거인욕하여 하나님의 뜻을 온전히 이루어 드리는 목회가 되기를 소망한다.

Rev. Dong Guk Shin

Chapter 3
"내일은 더 잘하리라"
해밀턴감리교회 신동국 목사

목회란 무엇인가?

한국에서 건축 설계사로 일했던 박 집사라는 분이 해밀턴교회에 출석하고 있다. 박 집사님은 사슴 농장과 블루베리 농장을 하고 있는데, 어느 날 그 가정을 심방할 할 기회가 있었다. 뉴질랜드 1 번 국도를 따라 해밀턴에서 오클랜드로 40여분 운전해 올라가면, 그의 농장이 나타난다. 그는 예술의 전당 설계에도 참여하였고, 중대형 교회 건축도 삼십 여건 주도하며 건축현장을 지휘한바 있다. 그는 그의 집 정원에 대해 설명하며 마치 인생 50 의 인생론을 내비치고 있었다. 그의 농장 모습은 좌우로 농장이 펼쳐져 있으며 살짝 언덕인 윗부분에 하얀 집이 있고 농장 좌우를 내려다 볼 수 있도록 되어있다. 집 좌우로 살짝 내리막이 있고, 집에서부터 좁고 길게 내리뻗은 가로수는 마치 아름드리나무들이 방문객을 환영하듯 길게 늘어서 있다. 그는 그의 입에서 오랜

"I Will Do Better Tomorrow" (Korean)

세월을 통해 경험하고 얻은 정원관을 거침없이 말하기 시작했다.

" 이 집이 본래는 정원을 가꿀 줄 아는 사람에 의해서 잘 가꾸어진 집입니다. 집을 둘러보면 돌 하나, 풀 한포기, 나무 한그루 예술적으로 심어놓은 집입니다. 어느 곳에서든지 정원을 바라보고 있노라면 예술적 느낌이 듭니다. 그런데 그 다음 주인이 약 5 년 동안 살았는데, 정원을 관리하지 않고 돌보지 않았던 것 같습니다. 정원을 관리할 줄 모르는 사람이죠. 아무 생각 없이 5 년 동안 정원을 돌보지 않았겠지요. 정원을 관리하지 않고 그냥 이 집에 살았던 것 같습니다. 그 결과 정원이 쓸모가 없어져 버렸습니다. 아마도 어떻게 관리하는지 조차도 모르고 말 그대로 농장 일만하면서 살기만 했을 것입니다. 저기 있는 나무를 보십시오! 저 나무가 좋은 나무인데, 나무를 망쳤습니다. 엉망입니다. 저 나무의 가지들이 보기 흉하게 뻗었잖습니다. 어린 가지일 때, 가지치기를 하지 않아서 나무가 보기 싫어 졌습니다. 아깝고 안타깝지만 어린 가지일 때, 주인의 맘에 드는 나무를 만들었어야 합니다. 어린가지일 때 나무 가지를 치지 않았으니 보기 싫고 나뭇가지가 제멋대로 자라나 버렸습니다. 가지가 굵어진 후에는 굵어진 나뭇가지를 잘라버릴 수도 없고, 가만두자니 보기 싫은 나뭇가지들이 계속 자라는 것입니다. 그런 나무가 다른 나무들과 조화를 이루지 못하고 나무마다 제각각입니다. 정원이 망쳐져 버렸습니다. 정원에 있는 나무 하나 하나가 모두 제멋대로 자랐습니다. 가지는 어렸을 때, 아깝지만 눈물을 머금고라도 가지를 쳐야 나무가 아름답게 됩니다. 나무는 가지가 어릴때부터 잘라야 할 것은 자르고 가꾸어서 주인 맘에 맞는 나무를 만들고 정원을 만들어야 합니다. 주인이 정원을 관리할 줄 모르면 정원은 엉망이 됩니다."

Rev. Dong Guk Shin

박집사의 말 한마디 한마디는 버릴 것이 없는 필자의 목회관에 진리처럼 다가왔다. 사실 박집사의 견해는 필자의 목회관과 유사했다. 그의 정원에 대한 시각은 필자의 목회관을 비유적으로 잘 표현하는데 매우 유익하게 여겨졌다. 그의 말은 마치 깊은 경지에 이른 수도사의 가르침처럼 내 귓전에 들려왔다. 정원을 아름답게 가꾸려는 정원사처럼, 하나님께서는 세계에 흩어져있는 교회에 목회자를 보내시고, 목회자들을 통하여 아름다운 동산같은 교회를 세우시며 교회의 머리되시며 주인되신 하나님께서 기쁨을 얻으시고 싶어 하신다. 정원을 만드시고, 하나님 당신의 마음에 드는 아름다운 정원을 만들도록 하나님은 목회자를 인도하신다. 마치 에덴동산을 창설하시고 아담을 관리자로 보내신 것처럼, 하나님께서는 '교회' 라는 동산을 만드시고 목회자들을 아담처럼 관리자로 세우셨다. 한 농부의 말처럼, 목회는 아름다운 교회를 세우기위해 때로는 가슴 아프도록 가지를 쳐야 하고, 때로는 거름도 주어야 하고, 때로는 가지에 접을 붙여서 좋은 가지가 자라나도록 해야 한다. 목회자는 하나님의 아름다운 정원을 가꾸어 가는 정원사처럼 교회를 가꾸는 목회자가 되도록 하시며, 교회를 아름답게 세우기 위하여 여러 가지 훈련을 받게 하신다. 하나님께서는 목회자에게 신학훈련과 인격훈련 그리고 영성훈련을 받도록 하신다. 하나님께서는 목회자를 통하여 목회관에 의해서 작성된 설계도를 가지고 아름다운 동산 같은 교회를 세우게 하신다. 그러나 목회가 쉽지만은 않은 현실속에 놓여 있다. 진작 가지를 쳤어야 하는 나뭇가지들이 이미 굵은 가지로 변해 버렸고, 그 가지들을 자르자니 손실이 크게 느껴진다. 그러나 하나님은 일하신다. 목회자가 목회를 할 수 있도록 하시는데, 가정적인 영향과 신앙적인 체험, 신학교에서 가르침과 영적으로 인도하시는 하나님의 인격훈련을 통하여 목회현장을 냉철하게 바라보며 교회를 세워 가도록 이끄신다.

"I Will Do Better Tomorrow" (Korean)

<목회자가 되기까지>

복음전도적인 가정에서의 출생

한국에서 베이비 붐(1955-1963 년)이 끝나고 이듬해인 1964 년 필자는 강원도 춘천군 북산면 '용수목' 이란 산골짜기에서 태어났다. 이 마을은 40-50 호 정도 되는 작은 산촌이었다. 부친은 읍내 장이 서는 어느 날, 장터에서 '예수를 믿으면 구원을 얻는다.' 는 소리를 듣고 기독교인이 되었으며, 안방을 예배 장소로 사용하게 되었다. 그런 이유로 이 작은 마을인 용수목교회가 설립되었다. 이렇게 작은 마을에도 교회가 설 수 있다는 것은 하나님의 은총이었다. 감리교 소속 국내 선교사 신분이었던 김명분 전도사가 1962 년 파송되었다. 김목사(당시 전도사)께서는 감리교 여성회에서 선교후원을 받으며, 이 작은 마을에서 목회를 시작하게 되었다. 부친의 복음에 대한 열심은 나의 자랑이며 가정의 자랑이었다. 아버지에 의해서 세워진 교회는 마을이 커다란 영향을 미치며 동네 사람들의 칭찬을 들으며 성장해 갔다. 그러나 이곳은 소양강 다목적 댐의 건설로 수몰지구가 되었고, 교회는 춘천군 북산면으로 이사를 하였고 '북산교회' 로 이름을 개칭했다. 가족들은 수몰지역을 피해 춘천근교의 신북면 지역(일명 샘밭)으로 이사를 나오게 되었고 신북면 율문리에 소재한 천전감리교회를 출석하게 되었다.

여러 번의 다른 영적체험

필자에게는 여러 번의 영적체험을 하였던 경험이 있다. 한번은 마음의 뜨거워짐을 경험하였다. 이 체험은 영적체험이 영에 대한 체험이었다. 그 후 다른 한번은 질병을 딛고 일어서는 경험을 통해 건강을 회복하는 체험을 하게 되었다. 이 체험은

Rev. Dong Guk Shin

영적체험중에서도 육에 대한 체험이었다. 나머지는 영적체험중에서도 지적인 체험이었다. 이렇게 영적인 체험이 영,육,혼 모두 골고루 나타났던 사건을 통하여 영적인 체험은 영,육,혼 어떤 부분에서도 이루어 질수 있다는 것을 자신의 체험을 통해 확신할 수 있게 되었다.

첫 번째 / 십대에 영적 체험

한국교회가 폭발적으로 성장하던 70년대, 필자는 교회를 놀이터로 배움의 장소로 사람들을 만나는 교재의 장소로 자라났다. 필자가 초등학교 5학년이었을 때, 부모님은 주변의 성도들로부터 좋지 않은 소문을 듣게 되었고 긴 밤을 뜬 눈으로 지새우며 걱정 반 기도 반으로 밤을 지새웠다. 어느 집사님이 꿈을 꾸었는데 "교회건물이 사택쪽으로 쓰러지는 꿈을 꾸었데", "교회가 텅텅 비었데" 등. 당시 부친은 교회 중직인 장로였다. 그때 교회에서 무슨 일들이 있었는지 정확히 알 수 없었다. 그러나 하나님은 교회를 다시 세우시려고 일군을 세우셨다. 교회출석 청년중 두 사람에게 영적인 능력이 나타났다. 한 청년은 남자였고, 다른 청년은 여자였다. 남자 청년이 말씀 선포와 은사적인 예배를 이끌었고, 여자 청년은 남자청년을 기도로 돕고 동행하며 성도들의 믿음을 바로세우고 있었다. 청년들은 어린이와 학생들을 모아놓고 예배를 드렸으며, 이 때 그 청년의 멧세지는 카리스마적이었다. 어린이를 위한 예배에서 몇몇 어린이가 성령의 불로 뜨거워짐을 경험하고 있었고, 그 때마다 청년은 뜨거워진 어린이를 '붙잡아 주라'고 하였다. 그 때 내 마음속에서 질투심 같은 간절함이 있었다. '다른 어린이처럼 나도 뜨거워져 보았으면 좋겠다.' 그런 마음이 간절하였을 때, 청년의 입술에서 어린 필자를 향하여 "저 어린아이를 붙잡아 주라"고 하였다. '나도 은혜를 받았구나!' 라는 마음이

"I Will Do Better Tomorrow" (Korean)

들었고 마음은 서서히 뜨거워져 갔다. 그 때 내 마음은 '하나님께서 나의 간절함을 살펴보셨구나.' 하는 마음이었다. 그 영적 체험이 있은 후, 나의 마음은 기쁘고 뜨거웠다. 영적 체험이 있은 후 며칠은 하늘을 나는 듯한 기쁨의 삶이었다. 그렇게 기쁜 날이 며칠을 갔다. 그동안 그 청년은 부친에게 "아이를 삼 일간 급식 시키라"고 하였고, "앞으로 복음전도자의 사명이 있으니 기도로 준비하라"고 알려주었다. 부친으로부터 전해들은 금식 명령과 복음전도자의 삶은 나의 자랑거리었다. "나는 삼일동안 금식 시키라는 말씀도 받았어." 그런 자랑을 친구들에게 하였을 때, 즉시 그 청년은 부친에게 "아이를 금식 시키지 말라"고 하였다. 하나님은 어떻게 나의 자랑하는 소리를 듣게 되었을까? 사라의 웃음소리를 주의 사자들이 들었듯이 어리석은 필자의 입술이 하나님께 교만함의 잘못을 범하였고, 하나님은 그것을 들으신 것이었다. 필자의 금식 자랑거리와 교만함을 하나님이 보셨을 것이다. 어린시절의 절제 없는 자랑으로 인하여 필자는 자신의 입술로 범한 실수를 기억하고 마음의 중심과 사람들의 대화조차 듣고 계시는 하나님에 대한 두려움이 생겼다. 그리고 이생의 자랑과 교만함은 패망의 선봉장이며, 하나님께로부터 버림받기에 충분하다는 것을 깨달았다.

두 번째/ 20 대 초반에 체험

또 한번의 영적 체험은 20 세의 나이에 일어났다. 아세아연합신학대학교를 입학한 1984 년 4 월 중순경, 필자의 왼쪽 갈비뼈 끝부분이 쑤시고 통증을 느끼기 시작하였다. '결핵성 늑막염' 이었다. 갈비뼈 끝부분에 늑막이란 곳에 물이 생기는 것이었다. 이 병은 결핵성이라 쉽게 고쳐지지 않았다. 이 질병으로 인하여 힘들고 어려운 시간을 보냈다. 한창 몸이 아플 때는 X-Ray 상에 폐부분이 나타나지를 않았다.

Rev. Dong Guk Shin

폐를 감싼 막 부분이 온통 물로 가득차 있어서 X-Ray 에 나타나지 않았고, 폐를 감싼 물들은 나의 호흡을 힘들게 하였다. 병원으로부터 약을 받으면 한보따리를 들고 오는데, 매 끼니마다 14 개의 약을 입에 넣어야 했다. 그때마다 역겨운 약 냄새로 입맛은 점점 잃고, 몸도 점점 메말라갔다. 그때는 약 50M 을 걸어가다 숨을 가쁘게 쉬게 되었고 담장 밑에 앉아서 호흡을 가다듬으며 쉬었다가 다시 일어나 걸어가게 되었었다. 어느 겨울, 방에 누워서 가쁘게 숨을 쉬다가 진심으로 하나님께 기도를 올렸다. "주님! 저를 건강하게 해 주시면 주님의 나라를 세우는데 저의 일생을 바치겠습니다." 기도를 올리는 필자의 마음이 진심어린 기도였을까? 주께서 이 기도를 들어주셨다. 회복될 수 없을 것처럼 생각되었던 몸이 변화를 가져왔다. 과정은 이러했다. 기도후, 이삼일이 지나서 시골에서 '늑막염 풀' 이라는 것을 다려 먹었는데, 입으로 쓴 가래를 토해냈다. 아마도 한 대접은 토해낸 것 같았다. 그동안 먹었던 약들이 효과가 없었는데 하나님께서는 약이 효과를 발휘하도록 하셨던 것이다. 몸은 점차 회복되어갔고, 약 1 년이 지난 1986 년 12 월 군에 입대하게 되었다. 깊은 호흡을 하면 갈비뼈 끝이 무엇인가 받히는 느낌을 받기는 하였으나 가벼운 운동도 할 수 있게 되었다. 건강은 회복되었으나 군에 입대하는 것은 무리라고 생각되었으나 결국 군에 입대하게 되었다. 그때, 나는 마음속으로 하나님을 원망하였다. '몸이 조금 회복되었다고 군대를 보내시나이까?' 그러나 하나님께서는 필자의 마음과 정신을 강하게 훈련시킨 것으로 확신한다. 만일 군 생활을 마치지 못했다면, 필자는 몸이 약하다는 의식에서 벗어날 수가 없었을 것이고, 다른 사람에게 병들고 연약한 모습을 보이며 동정이나 구하는 연약한 인간이 되었을 것이다. 목사가 되었어도 성도들의 동정이나 받는 연약한 목사가 되었을지도 모르는 일이다. 또한 어려움이 생기면 문제를 돌파하기 보다는 도피하는 자가 되었을 것이다. 하나님은 그의 종들을 강하고 담대하게 훈련시키기 위하여

"I Will Do Better Tomorrow" (Korean)

때로는 뜨거운 용광로에 때로는 혹한의 추위에 집어넣어서 강한 군사로 자라나게 하신다.

세 번째 / 청년기에 영적체험

또 다른 영적 체험은 성경을 연구하면서 느꼈다. 1990 년 신학교를 졸업한 해였다. 그 시기에는 약 일년 동안 밤마다 약 1 시간 30 분 또는 2 시간동안 성경을 혼자 읽고 연구하기 시작하였다. 처음에는 성경을 읽으면서 통독이나 하려는 마음이었으나, 처음부터 궁금증이 생겼고, 점차 성경을 이곳저곳 뒤적이며 마치 거미줄처럼 상호 연결된 섬세한 말씀을 발견하기 시작하였다. 성경을 읽어갈 수록, 필자는 성경에 확신이 들면서 성경이 확 뚫리는 느낌이 들었다. 성경을 읽을 때에 마음이 뜨거워지는 경험(눅 24:32)을 하게 되었고, 성경을 연구하면서 힘과 용기가 솟았고, 갈등하였던 상황속에서 자신감이 넘쳐나기 시작하였다. 이 시기에 필자는 아세아연합신학대학과 신학노선이 비슷한 학교를 선택해야 할지 아니면 어려서부터 섬기던 감리교를 선택해야 할지 결정해야 할 시기였다. 성경을 읽고 연구하는 시간을 통하여 갈등을 극복할 수 있는 힘을 얻었다. 이 경험으로 말미암아 감리교를 위해서 쓰임받기로 결심을 하게 된 힘과 용기가 생겼다. 이때의 성경연구가 없었다면, 다른 사람 뒤에서 비난이나 하지만 결국에는 앞서간 사람들의 수고와 노력으로 득이나 보는 목회자가 되었을 것이다. 성경에 대한 깊은 연구로 말미암아 하나님의 말씀의 본질이 무엇인지 진지하게 고민하는 시기가 되었다.

신학교에 입학하다.

Rev. Dong Guk Shin

젊은 시절에는 좋은 스승을 만나야 한다. 아세아연합신학대학은 보수적인 신학사상을 가르치고 있었다. 훌륭한 교수님들이 많이 있었다. 특별히 군복무를 마치고 4학년으로 복학한 필자는 그곳에서 김세윤 교수의 기독론 강의를 들을 수 있는 기회가 있었다. 한 학기 동안 배운 기독론은 너무 매력적이었고, 신학의 세계로 푹 빠지게 만드는 기폭제가 되었다. 신학의 매력을 그제야 깨달은 것이다. 그동안 결핵성 늑막염으로 신학에 깊이 빠져들지 못했었다. 건강 때문에 진지한 신학적 고민 보다는 약해져 가는 정신을 버텨내기에도 버거웠다. 그러나 건강을 회복한 후, 신학적 고민은 그동안 필자를 밀어놓았던 질병에서 자유함을 얻고 진정한 자유의 의미를 신학적으로 정리하는 출발점이 되었다. 김세윤 교수와의 만남은 한 학기로 끝나버렸다. 학내문제로 학교를 떠나게 된 그를 따라 개혁신학교에 입학하였고, 김세윤 교수는 또다시 소속 학교를 옮겼다. 1년만이었다. 결국 나의 선택은 앞으로의 선택은 신학수업이 아니라 일할 수 있는 교단으로 선택하고 정해야 했다. 결국 소속 교단인 감리교로 돌아오는 일만 남았었다. 감리교는 마치 어머니와 같은 편안함을 느끼게 해 주었다. 그러나 91년 변선환. 홍정수 교수의 논란이 일어났고 '종교재판' 이라는 낱말이 한창 등장하고 있을 때, 92년 나의 선택은 협성대학교로 결정하였다. 학사편입이었다. 아세아연합신학대학에서 필자는 현대신학에 대해서는 잘 배우지를 못했기에 학부에서부터 다시 시작할 계획이었다. 필자가 염려를 하였던 사항이지만, 익숙하지 않은 현대신학을 바탕으로 하는 강의는 필자와 강의하시는 교수님과 자주 논쟁 속으로 빠져들어 갔다. 때때로 학생중에는 필자를 향하여 비아냥거리기도 하였다. 방향을 잃은, 보수신학의 입장에서, 현대신학은 필자에게 왜 신학을 해야 하고, 무엇 때문에 신학을 해야 하는지 입장을 정리하는 시간이 되었다. 그동안 쌓아왔던 신학 수업을 견고히 하는 시기가 되었고, 현대신학이 안고 고민하는 점을 깊이

"I Will Do Better Tomorrow" (Korean)

이해하는 시간이 되었다. 필자는 현대신학과 목회와의 괴리를 극복하고 싶었다. 신학이 소수의 신학자들에게 필요한 신학으로서 존재하는 것이 아니라 교회를 위한 신학, 예수 그리스도를 구주로 영접하는 모든 그리스도인에게 진리를 제공하는 복음으로서의 신학이 필요하고, 이것이 목회와 신앙의 뼈대가 될 수 있도록 해야 한다는 소신이 세워졌다. 이러한 소신에 불을 붙인 것이 어린시절에 있었던 영적체험이었다. 마음속으로 하나님을 신뢰할 수밖에 없는 것은 필자가 어린시절에 경험했던 영적 체험, 그 체험으로 필자의 소신은 하나님과 하나님의 말씀에 대한 믿음이 더욱 굳게 세워져 있었기 때문이다.

협성대학원을 진학하다.

감리교 목사로서 정회원이 되고자할 때는 대학원(석사) 과정을 마쳐야 한다. 지식화 되어가는 사회속에서 교단은 목회자의 자격을 좀더 지적으로 성숙한 인재 양성을 목적으로 하고 있었다. 때문에 교단에서 정한 규정에 따라서 목회자로서 더 학업이 필요한 대학원에 진학하게 된 것이다. 그러나 거쳐가야 하는 과정에 불과한 대학원 과정이 필자에게 목회의 방향을 결정하게 되었다. 필자는 학부를 졸업한 후, 목회를 시작하였다. 목회 3 년째 되는 1997 년에 대학원을 다시 입학하게 되었다. 10 대 초반에 경험했던 영적체험이 발판이 되어 영적 체험이 신앙적으로 어떤 결실로 돌아와야 하는지 진지하게 고민하고 추구하고 싶었다. 그러나 필자의 관심은 또다시 어린시절에 경험했던 영적체험이었다. 필자의 고민은 곧 초대교회의 폭발적 성장의 근원을 이해할 수 있는 길을 연구하고 싶었다. 오늘날 신약신학의 관심중에 하나인 ' 초대교회가 그렇게 짧은 시기에 동로마 지역과 제국의 수도인 로마로 복음이 번져갈 수 있었을까? 하는 문제를 해결하는 것이다. 필자는 필자 자신에게 나타났던 영적체험을 밝히는 것이 신약신학의 과제를 해결하는 것과 중요하게 연결되어 있다고 생각했다. 아마도 이 문제의 해결은 신약신학의 문제를 해결하는 것과 같은 맥락일 것이다. 때문에 그 과정을 통해서 필자가 어린 시절에 경험했던 영적체험에 대한 문제를 필자 나름대로 정리할 수 있는 기회를 갖고 싶었다. 때문에 관심은 사도행전과 누가복음 이었다. 성령에 대한 조명, 이것은 필자의 과제를 풀어가는 숙제였다. 그러나 아쉽게도 필자의 마음에 와 닿는 성령론에 대한 주장은 볼 수가 없었다. 성령론에 대한 주장은 오순절/ 순복음 교단에서 주장하는 은사적인 성령론의 관점과 말씀으로 역사하는 성령론 두가지로 볼 수있다. 그러나 필자의 견해는 이 두 주장에 만족할 수가 없었다. 결국 필자는 그 적합한 결론을 얻었다. 대학원 과정을 거치면서 성령에 대해 확실하게 정의를 내릴 수 있게 되었다. 성령을 받는다' 는 것은 하나님의 성품을 닮아가는 것이다. 하나님 아버지를 닮아 날마다 거룩한 삶으로 인도받는 것이다. 이미 예수께서 보여주신 삶이 성령의 인도하심이 있는 삶이었고, 제자들의 삶이 예수님과 같은 삶의 모습이었다. 때문에 그리스도인은 예수 그리스도를 바라보며 날마다 주님을 닮아가는 삶의 본이 되시는 것이다. 이것이 긴 8 년간의 신학 수업의 결론이었다. 이것은 이미 웨슬리 목사님이 주장하신 성화론과 일맥상통하는 것이다. 이제부터 목회는 8 년 동안 얻었고 결론을 내린 사항에 초점을 맞추어 실제적으로 목회해 나가는 것이다.

마음속의 목회자상

목회자의 길에 들어서면서 어떤 목회자가 될 것인가에 많은 고민을 하게 되었다. 불쌍하고도 아쉽게 필자는 본받을 만한 목회자를 가까이서 대할 수 없었다. 필자가 어린시절을 보냈던

"I Will Do Better Tomorrow" (Korean)

10 세 이전의 목회자(김명분 목사)에 대해서는 사람들로부터 많은 칭찬과 존경의 소리를 들었지만 그 이후에는 목회자를 가까이서 대할 수도 영향을 받을 수도 없었다. 필자에게 가장 큰 영향을 준 목회자는 김명분 목사였다. 그러나 필자가 직접 뵙고 영향을 받은 것은 아니었다. 부모님께서 영향을 받은 목회자였다. 어린시절부터 부모님의 입술에서 목사님에 대한 존경이 나올 때는 저런 목회자가 되어야겠다고 다짐하고, 목사님에 대한 불평이 나올 때는 욕 듣는 목회자가 되지 말아야겠다고 생각했다. 부모님은 목사님을 모시며 어려움을 당할 때마다 처음 모셨던 목사님을 자주 언급하셨다. 어린시절 주님으로부터 소명을 받은 필자는 부모님께서 영향을 받으셨던 목사님에 대해 말씀하셨다. 부모님의 이야기는 필자에게 미래의 목회자상을 형성하는데 결정적인 역할을 하였다. 필자가 부모님께서 영향을 받았던 김명분 목사님을 마음속으로 그리며 만나 뵙기를 학수고대하였는데, 그 때가 입대를 앞둔 가을철로 기억한다. 그 때 김명분 목사님은 제주도에서 목회를 하시다가 임지를 옮기셔서 국민대학교 근처에 있는 감리교 안식관에서 관장으로 섬기시고 계셨다. 목사님과의 만남은 약 20 년에 가까운 기간이 흘러있었다. 그곳에서 사역은 목회를 은퇴하시고 늙으신 몸을 안식관에서 쉬고 계신 목사님과 전도사님을 돌보시는 것이 그분의 사역이었다. 그분들은 노쇠하셔서 식사도 제대로 하시지 못하시고, 투정과 불평을 일삼는 것을 해결해 나가고 계셨다. 잠깐의 방문을 마치고 떠날 때, 목사님은 부모님과 비슷한 연배이신데, 필자를 향하여 멀리까지 배웅을 하시며 90 도 머리를 숙여 인사하고 배웅해 주시던 모습이 생생하다. 오늘날까지 필자가 겸손을 최고의 신앙인의 덕목으로 배우게 해 주신 분은 그 목사님의 영향이 크다.

목회자가 되려면 갖추어야 한다고 생각하는 것들.
신학의 가치를 분명히 깨닿는다 아니면 찾아낸다.

Rev. Dong Guk Shin

어떤 목회자가 될 것인지 분명한 목표를 세운다.
자신이 가지고 있는 달란트가 무엇인지 확실히 점검한다.
신학 뿐만 아니라 아니라 성경에 대해 깊이 연구한다.
멘토를 구한다. 자신에게 영향을 줄 학자 2 분 목회자 3 분 이상이면 적합하다고 본다.
즐겨할 수 있는 운동을 꾸준히 한다.
자신을 후원하는 후원회를 만든다.
선교 단체와 끊임없는 교류를 통하여 최신 정보와 현장을 읽는 눈을 얻도록 한다.

<목회자가 되어서>

목회를 시작하다.
필자가 처음 목회를 시작한 곳은 남춘천역사 뒤편에 있는 지역이었다. 이 지역이 소속된 퇴계동 지역은 세 개의 문화권으로 나뉜 지역이었다. 먼저 신개발 지역으로 새로운 문화를 이루어 가는 곳이다. 또 하나는 남춘천역 앞을 중심으로 형성된 문화이다. 마지막으로는 가나하고 초라한 집들이 즐비한 지역에 거주하고 있는 서민들의 문화이다. 본래 퇴계동 지역은 춘천 도심권에서 벗어난 지역으로 가난하고 교육받지 못하였으며 하루하루를 살아가는 서민들의 터전이었다. 이곳을 춘천시가 계획적으로 개발 사업을 추진하였던 것이다. 앞으로 퇴계동 지역은 신개발지역의 확장으로 점차 신도시화 되어갈 것이다. 때문에 이런 지역을 선점하여 교회를 굳게 세우는 것은 젊은 목회자로서 시도해 보고 싶은 마음이 생기는 곳이다. 그러나 생각과 다르게 개발지역이 춘천도심권과 가까워서 개발지역에서 교회가 성장하는 것은 어려움이 있었다. 또 하나, 개발지역으로 이사 오는 사람들은 대부분 40. 50 대의 사람들인데 반해, 목회자는

"I Will Do Better Tomorrow" (Korean)

이제 갓 30 세의 전도사로 목회 경험도 없는 필자가 목회자로서 부족한 면이 많았다. 한마디로 가진 것은 젊음 하나밖에 없었다. 그럼에도 불구하고 하나님께서는 새로운 신자들을 불러모아 주셨고, 교회는 쉽게 자리를 잡아가기 시작했다. 1994 년 3 월 16 일 개척예배를 드린 지하 20 평 미만인 장소에서 시작하여, 1 년 후 지하 35 평으로 이전을 하였고, 개척후 3 년에 지상 1 층 45 평 지하 15 평 장소로 예배처소를 옮겼다. 이곳은 택지개발지역으로 약 3 만 명의 인원을 수용할 계획으로 개발되고 있는 지역이었고. 주변 지역의 개발이 이루어지면 상당한 인구 유입이 있을만한 지역이었다. 반면에 개발지역은 범위가 좁고, 도보로 10 분이면 구시가지 지역에 도달할 수 있다. 구시가지 지역에 500 명을 수용하는 남춘천교회가 위치해 있었다. 또한 춘천시는 분지 지역에 위치하고 있는데, 도시의 끝에서 끝까지 자가용으로 이동하면 30 분이면 모두 도달 할 수 있는 지역이었다. 때문에 택지개발지역이라 하여도 개발지역에 속한 교회로 수평이동하는 사람들은 많치않았다. 교회가 멀리 떨어져 옮기고 싶어하는 사람들은 이웃한 500 명의 성도들이 있는 교회로 흡수되었다. 이 교회는 급성장한 교회로 소개도 되었는데, 그 교회는 택지개발후 800 명의 교회가 되었다. 택지개발 2 년 후, 개발지역에 속한 교회들은 약 10 여개의 개척교회가 세워졌는데, 보통 30-40 명의 성도들이 출석하고 있었다. 목회초년생인 필자는 하나님의 은혜로 어린이 포함 70 명의 성도들이 예배를 드렸는데, 이는 성도들의 수고와 헌신이었다.

결혼을 하다.

1994 년 다사다난했던 해였다. 5 월 7 일 이었다. 필자는 지난 5 년 동안 교재하며 주님의 나라 확장을 위해 기도하던 사금옥

Rev. Dong Guk Shin

자매와 결혼을 하게 되었다. 그녀와의 만남은 군복무을 마친 1989 년 4 월이었다. 그 교회에서 얼굴을 본지 4 개월이 되었을 때, 당시 아내는 강릉으로 초임 발령을 받았다. 율곡중학교 였다. 아내는 5 년동안 발령받은 학교에서 교사로 봉직하던 해였던 1993 년 말, 양가 부모들께서는 필자와 현재의 아내인 사금옥양과 결혼을 허락하였고, 결혼 날자를 잡았었다. 처가에 인사를 드리러 갔을 때, 낯익은 분이 반갑게 맞아 주셨다. 초등학교 시절 은사셨다. 필자의 담임은 맡지않으셨지만 분명히 얼굴을 기억할 수 있었다. 1994 년 5 월 7 일 이였다. 1994 년은 교회 개척을 위해 준비된 해로서 첫해 첫주일부터 예배를 드리고 있었다. 그해 3 월 16 일 창립 예배를 드렸다. 우리의 결혼은 필자 부부가 처음 만났던 남부제일교회에서 결혼예식을 올리게 되었다. 많은 사람들이 모여와서 우리의 결혼을 축하해 주셨다. 장인어른은 필자가 졸업한 초등학교 교사이셨다. 아내는 강릉에 거주하였을 때, 개척교회를 섬기며 열심히 신앙생활을 하고 있었다. 아내는 다방면에서 좋은 목회자로 필자를 세우는데 조금도 부족함이 없었다. 그리고 과거에도 지금도 앞으로도 필자의 목회에 큰 동역자이며, 지지자 이다.

새로운 목회에 대해 고민하다

한국의 목회 상황은 갈수록 어려운 환경이 될 것이라고 필자는 예측했다. 필자는 한국의 90 년대 목회적인 상황을 보고 앞으로 한국교회는 숫적 감소와 쇠퇴 또는 사회적 비난이 점차 강해 질 것으로 보았다. 70 년대의 폭발적인 성장을 맛 본 한국교회는 신앙생활의 즐거움을 마음껏 누렸다. 그러나 90 년대 전후로 신앙의 맛을 잃어버렸고, 앞으로 시간이 가면 갈수록 신앙생활의 쓴맛을 느끼게 될 것이다. 때문에 우리 세대가 해야 할 역할은 다음 세대를 위하여 목회 상황을 좋게

"I Will Do Better Tomorrow" (Korean)

만드는 것이라고 생각했다. 목회 상황을 좋게 만드는 것은 교회의 본질로 돌아가는 것이다. 흔히 숫자적인 부흥을 목적으로 하는 교회가 아니라 교회 밖에 있는 사람들을 위한 교회로 탈바꿈해야 한다는 것이다. 교회가 생명력을 갖기 위해서는 말씀에 굳게 서야 하겠지만 또한 사회를 향한 사랑의 실천이 점차 강조되는 교회가 되어야 한다. 교회가 이익의 집단이 되고 교회밖 사람들에게 도움이 되지 못한다면, 교회는 사회로부터 버림을 받게 될 것이다. 하나님께서 교회를 세우신 목적은 교회를 통하여 세상에 속한 문화와 사람들을 복음으로 이끌어 가도록 하는데 그 목적이 있다고 본다. 그러나 교회들은 숫자적인 부흥을 위해 전력질주하고 있는 것으로 보였다. 이제 필자의 세대와 이후세대는 교회 침체의 쓴맛을 보며 목회를 하게 될 것으로 예측했다. 만일 우리 세대에서 교회를 바른 위치로 세우지 못하면 교회는 사회로부터 비난과 질책을 받게 될 것으로 보았다. 필자의 예측은 적중하였다고 생각한다. 현재 교회마다 교회 성장이 아니라 현재 상태에서 줄어들지 않도록 유지하려는데 안간힘을 쓰고 있다. 교회가 성장하던 시기에 새로운 교회의 방향을 정하고 도약할 수 있는 기회를 마련했어야 하는데, 그동안 한국교회는 교인수와 재정을 높이는데 집중하였고 건축하기에 정신이 없었으며 사람을 키우는데 등한시 하였다. 한국교회가 양적성장병에 걸린 것이다. 마치 어린이가 음식을 많이 먹어 성인병에 걸린 것과 같다. 한국교회가 사람들을 교회로 끌어모으는것에 열중하였지만 끌어모은 사람들을 통하여 세상의 문화를 바꾸지 못했고, 신앙의 본질을 세우지 못했다. 교인들이 교회를 떠날까봐 안절부절하고 있다. 마치 교인은 교회를 출석하는 것이 교회를 위해 큰 기여를 하는 것처럼 만들어 버렸다. 교회는 신앙의 힘으로 기독교 가치관을 세우고, 그 가치관을 통해 한국 사회에 변혁을 이루도록 했어야 했다. 70년대 한국 교회의 성장을 통해 80년대에는 사회를 변화시킬 힘을 일으켰어야 했다. 그러나 교회가 각 교회마다

Rev. Dong Guk Shin

교회 성장에 집중하고 대형화로 향해 갈때, 사회는 교회를 향해 세상의 빛이 되어주기를 기대했었다. 세상의 기대에 부응하지 못한 작금에 와서는 사회로부터 강한 비난을 교회가 받게 되었다. 하나님께서 교회에 주신 사명은 세상을 변화시키고 문화를 변화시키는 것이다. 현실은 어떠한가? 교회들은 여전히 끊임없는 교회의 양적성장을 위해 대형버스들을 운행하고 교회를 화려하게 건축하기 시작하였다. 교회 건물이 화려하게 올라가지만 교회 밖을 나오면 굶주림과 추위에 허덕이는 이웃들이 많은데 그들을 향한 도움은 빈약했다. 교회 건축을 위해 수억의 돈을 지불하였지만 사람을 키우지도 못했고, 사회와 인류를 위해 베풀고 나누어 준 것이 별로 없었다. 성도들의 신앙관을 굳게 세우지도 못했고 단지 교회에 다니면 잘 살게 된다는 맘몬이즘(돈을 사랑함)만 심어주었다. 그리스도인으로서 좀 더 희생하고 베풂의 삶이 부족했고, 더 많은 것을 소유하려고 하였다. 때문에 한국의 기독교는 세상의 문화를 기독교의 문화로 바꾸어 나갈 힘과 능력이 부족했던 것이다. 도리어 세상의 문화에 끌려가는 도구로 전락해 버렸다. 마치 롯이 물이 넉넉하고 기름진 소돔과 고모라 지역을 선택한 것과 같다.

독일과 뉴질랜드

필자는 답답한 한국의 현실을 멀리서 지켜보고 한국교회의 방향을 먼저 생각해 보고 싶었다. 그 길이 독일에 있는 교회 또는 뉴질랜드에 있는 이민 교회로 임지를 옮겨보는 것이다. 유럽에 발을 들여놓았다. 유럽으로 간 이유는 두개의 목적이 있었다. 하나는 '종교개혁의 발자취를 따라서' 라는 유럽 선교여행을 동반하는 것이다. 이 선교 여행은 '예수제자운동' 소속 선교단체와 함께 개혁적인 정신을 갖는 것이다. 이 선교

"I Will Do Better Tomorrow" (Korean)

여행은 종교개혁의 역사적 발자취를 따라 여행을 하며 종교개혁의 정신을 다지기 위한 것이었다. 개혁은 거대한 물결로 나타나지만, 그 시작은 소명과 확신에 찬 한사람 또는 두 사람이라는 소수에 의해 시작된다는 사실을 일깨워준 기간이 되었다. 때로 개혁자들은 사람들로부터 조롱을 당하기도 하였고, 목숨을 잃기도 하였으며, 도망을 당하기도 하였다. 유럽의 교회가 쓰러져가던 시기에 개혁하고 교회의 사명을 오랫동안 이끌어 왔는데, 이제 한국교회도 개혁 또는 갱신의 시기가 다가오고 있다. 이런 증거는 교회가 사회로부터 비난을 듣고 있는 것이 이를 말해주고 있다. 또 다른 목적은 독일 라이프찌히에서 목회하는 P 목사로부터 교회 후임으로 와 줄 수 있느냐는 요청이 있었다. 때문에 라이프찌히에서 목회하는 P 목사를 만나고 독일로 이민목회를 떠나야 하는지를 결정해야 하는 사전탐방을 위한 길이었다. 동독에 위치한 이민교회 성도는 유학생들 이었고, 이민교회도 포화상태에 이르고 있었다. 독일에서 돌아온지 얼마 후, 동갑의 친한 목회자가 "뉴질랜드에는 유학생 사역이 필요한데 황금어장이라며 누군가 이 사역을 해야 한다"고 목소리를 높였다. 필자가 독일과 뉴질랜드를 놓고 기도하며 고민하던 중 뉴질랜드로 결정을 하였다. 먼저 2001 년 7 월 아내를 뉴질랜드로 보냈다. 한마디로 정탐을 보낸 것이다. 유학생 사역이 얼마나 활발한지 살펴보고 오도록 한 것 이다. 뉴질랜드를 방문했던 아내는 다소 호의적인 반응이었다. 그러나 당시 아내는 외국에 나와서 산다는 것은 꿈에도 생각해 본 적이 없었다. 아내에게 뉴질랜드를 여행하게 한 후에 마음을 조금씩 돌리려는 생각이었다.

오클랜드로 오다

Rev. Dong Guk Shin

이민생활의 시작은 공항에서 결정된다. '공항에 마중 나온 사람이 누구냐?' 에 따라서 이민 생활이 결정된다. 즉 공항에서 처음 만났던 사람이 도착한 사람의 집의 위치와 직업을 결정하는데 상당부분 영향을 미치기 때문에 생긴 말이다. 아무래도 공항에서 만난 사람보다 더 친분이 있는 사람을 만나기가 어렵다. 때문에 이민생활은 공항에서 만난 사람에 의해 결정되는 경우가 많다. 공항에서 만난 사람이 사업하는 사람이라면 사업에 관련된 정보를 많이 제공할 것이다. 건축업에 종사하는 사람을 만나면 건축 일을 소개받을 것이다. 오클랜드에 도착하였을 때, 필자를 마중 나온 사람은 어학연수를 온 대학생 이었다. 때문에 아마도 필자의 방향은 유학을 온 학생들을 돌보는 사역이 될 것이었을 것이다.
필자가 뉴질랜드를 선택한 것은 몇 가지 이유가 있었다. 젊은 유학생들을 만나서 사역을 하고 그들을 미래의 선교 동역자로 삼아서 장래에 선교후원 그룹을 만들 계획을 가지고 있었다. 때문에 몇 개월 전 뉴질랜드에서 유학생 사역을 하던 C 목사와 이미 선교단체에서 활동을 하던 L 목사를 한국을 떠나기전 서울에서 만났다. 그리고 선교단체로 키우는 밑받침을 삼고자 했다.

선교단체를 만들려고 꿈꾸었다

필자는 1998 년경 선교 프로젝트를 구상하고 있었다. 즉 현재와 같은 스타일에서 좀더 변화된 선교형태를 계획하고 있었다. 필자의 생각으로는 현재보다 발전된 형태라고 자부하고 있었다. 그 계획은 '교량적 역할로서 선교회' 였다. 교량적 역할로서의 선교회는 선교지와 본국을 연결해 주는 역할을 감당해 나가는 것이다. 성경에서 바울의 동역자였던 두기고가 바울과 교회들을 연결시켰던 것과 같은 모습이다. 단지 그 형태를 현대화 하는 것이었다. 최근에 '선교지 탐방'

"I Will Do Better Tomorrow" (Korean)

이란 유행이 교회내에 번지면서 성도들이 선교지를 방문하지만 단지 방문 정도에 미치는 수준이다. 때문에 필자는 뉴질랜드에서 유학생들을 위한 교회를 세우고 앞으로 이들을 훈련시켜서 미래의 선교 협력자로 세우기 위함이었다. 학생들이 한국으로 돌아가면, 한국에 있는 L 목사가 유학생들의 신앙을 지도하여 선교회의 회원으로 확장해 나가며, C 목사는 서울과 뉴질랜드를 오가며 서울과 뉴질랜드가 멀리 떨어지지 않도록 하는데 목적이 있었다. 필자가 만들고 싶어하였던 선교단체의 형태는 파송기관과 선교지 그리고 두 지역을 연결하는 선교팀의 구성이다. 이런 선교팀의 역활은 선교사들과 현지인 리더들에게 직접적으로 제공될 수 있는 신학과 선교에 대한 재충전과 선교지에서 필요한 인력과 재정을 한국 교회에 요청하는 것이다. 또한 파송기관 또는 한국교회는 선교사들의 선교지 상황을 인식하게하고 기도와 재정으로 후원하며 잠재적인 선교사 후보생들이 선교지역에 대한 준비를 실제적으로 할 수 있도록 준비시키고, 적합한 곳에 단기선교사들을 파송하여 선교사들의 일을 돕도록 하는 것이다. 결국 선교사와 파송교회들의 간격을 좁혀서 효율적인 선교를 하도록 하며, 장기적으로는 매래의 선교사 발굴과 선교지 현지인들을 양성해 나가도록 하는 것이다.

오클랜드 한국학교에서

2001 년 12 월 오클랜드에 도착한 필자는 이듬해 한국학교에 교사로 봉사할 수 있는 기회를 얻게 되었다. 오클랜드 한국학교는 10 주년의 역사를 바라보고 있었는데, 상당수의 학생들이 한국학교에 출석하고 있었다. 목회자로서 토요일마다 한국학교에서 봉사를 한다는 것은 쉽지 않은 일이었다. 토요일 9 시 40 분에 수업이 시작되어서 1 시 20 분에

수업이 끝나고, 특별활동을 참석하는 학생들은 3 시경에 수업이 끝나는 것으로 모든 하루 일정이 끝났다. 수업의 내용은 국어(쓰기, 읽기), 국사, 음악(동요), 태권도, 전통놀이 등 한국의 정서와 얼을 배우는 것을 그 목적으로 하고 있었다. 오클랜드 한국학교는 북부를 중심으로 동남부와 서부 학교가 세워졌는데, 전교생이 800명에 육박하였다. 북부 캠퍼스에 약 400명의 학생들이 출석하고 있었는데, 학생들은 한글 사용에 수준 차이가 있었다. 이민온지 오래된 어린이는 한글을 잘 사용하지 못하였지만, 최근에 한국에서 온 학생이나 유학생의 경우에는 한글 사용에 문제가 없었다. 아내와 필자는 국사를 나누어 가르쳤는데, 아내는 고학년을 중심으로 필자는 저학년을 중심으로 가르쳤다. 필자의 수업은 족보를 가르쳤는데, 족보의 최상은 단군이 아니라 하나님이라는 사실을 알려주기 위함이었다. 수업시간의 대부분은 한국인의 얼을 심어주는 것이었다. 그곳에 있는 초중등 학생들이 기독교인이거나 아니거나, 지난 5년 동안 수업시작은 기도로 시작하였다.

동역이 실패하다

오클랜드에 도착한 후 필자의 계획은 처음부터 빗나가고 있다는 것을 알아챘다. 먼저 C 목사의 일 추진이 너무 독단적이었다. 동역은 서로 다른 견해를 조율해 나가는 것이 매우 중요한데, C 목사는 자신이 결정해 놓은 일을 따라오라는 방식이었다. 선교회는 교회보다 구속력이 약하기 때문에 선교회의 목적과 방향이 확고해야 했다. 더욱이 동역하는 사람들간에는 충분한 토의와 회의로서 조율하며 발생될 수 있는 문제들을 하나하나 미리 잘 점검해 나가야 하는데 그렇게 하지 않았다. 영국속담에 '좋은 울타리가 좋은 이웃을 만든다.' 고 하였다. 이 말은 새겨볼만한 말이다. 동역의

"I Will Do Better Tomorrow" (Korean)

실패는 분명했다. 때로 사람들은 자신의 사역에 충실하기보다 다른 사람의 사역을 관여하기 좋아하는 경향이 있는것 같다. 따라서 맡겨진 사역의 역할들이 분명히 구분될 때 동역자는 좋은 동역자가 될 수 있는 것이다. 그러나 사역에 대한 경계선이 분명하지 못하면 그 모임은 오래가지 못할 것이다. 필자는 오클랜드에서의 사역의 방향을 수정했다. 물론 동역하기로 했던 사람들과 결별을 했다. 당분간 선교회를 구상하거나 추진하는 일을 하나님께서는 원하시지않은 것 같았다. 때문에 먼지 사역 장소가 주어지는 곳에서 일하겠다는 것으로 바뀌었다. 먼저 2002 년부터 오클랜드 한국학교에서 교사로 봉사를 하게 되었다. 한국학교의 사역은 2002 년부터 해밀턴으로 사역지로 바뀌던 2006 년 12 월까지 5 년 동안 섬겼다.

사역은 활발하지 못했다.

필자가 오클랜드에서 유학생들을 만나고 그들을 말씀으로 가르치고 제자화시켜서 그들을 미래의 선교 동역자로 만들고, 그들을 통해 선교회를 구성하려던 계획은 점차 잊혀 버려야 했다. 유학생들은 대부분 어학연수를 위해서 뉴질랜드에 왔고, 어학연수의 기간이 그리 길지 않았다. 짧은 학생은 3 개월 조금 긴 학생은 1 년이었다. 그러나 일반적으로 유학생을 만나는 시기는 약 2.3 개월이 지난 시기가 보통이었다. 어떤 경우에는 유학생을 만나서 교회에 나오고 함께 성경공부하자고 하면 2.3 주후에 한국으로 돌아간다는 답변을 듣는 경우가 많았다. 사전탐방이 부족한 상태에서 결정된 계획은 큰 성과로 돌아올 수 없었다. 뉴질랜드에 어학연수를 온 학생들을 위해서는 이벤트 중심으로 사역을 하는 사람들이 필요했던 것이다. 필자처럼 성경을 가르치고 제자화를 꿈꾸는 사람은 적합하지 않았던 것이다. 필자는 갈등할 수밖에 없었고, 꼼꼼하게 현실을 바라보지 못하고 뉴질랜드에서 사역을 벌인 것을 후회했다. 유학생 사역은 잘 훈련된 팀원과 재정적인 여유가 있는 사람들이 할 수 있는 사역이었다. 훈련된 팀원도 없고 재정도 열악한 가운데서 유학생 사역을 하는 것은 무리였다. 할 수 있는 일은 사역 감당 할 수 있는 분량만큼 사역의 규모를 줄이는 것이었다. 특별히 유학생 사역은 장기적인 계획이 아니라 단기적인 이벤트성의 사역이 적합하게 보였다. 이런 사역은 필자에게 적합하지 않았다. 도리어 필자에게는 조기 유학을 온 유학생 사역이 적합하였으나, 조기 유학생의 경우도 홈스테이 주인의 픽업의 도움이 필요했다. 결국 필자의 사역은 방향을 바꾸는 것이 최선이었다.

오클랜드에서 사역이 성공적이지 못한 이유들

1. 목적 중심적이지 못한 사역의 결과
오클랜드의 사역이 성공적이지 못한 것은 전략적으로 행동하지 못한 잘못이 크다. 유학생을 전도대상으로 생각했다면, 유학생이 넘쳐나는 오클랜드 시티로 갔어야 했다. 그러나 친분이 있는 목회자가 활동하던 지역을 떠나지 못한 것이 문제였다.
2. 다른 사역자와 협력의 문제
다른 사역자와의 갈등은 사역이 성공적이지 못하게 만든다. 교회를 랜트하고 얼마 지나지 않아서 친분이 있다고 생각한 목회자와 갈등이 일어났다. 결국 사람을 의지하고 시작된 사역은 처음부터 힘든 길을 걷게 되었다. 더욱이 필자가 만나는 유학생과 갈등을 갖게 된 목회자가 만나는 유학생이 상당수 포함되었다. 결국 악의적인 경쟁으로 치닫지 않기 위하여 필자의 사역을 축소시키고 제한하게 되었다.
3. 다양한 문화와 언어

"I Will Do Better Tomorrow" (Korean)

이곳에서 지난 5 년 동안의 사역은 한인 학생 60 여명의 유학생들과 예배를 드리는 것이었다. 또한 일본인 4 명, 중국인 5 명에게 예수 그리스도를 소개하는 기회를 가졌다. 만일 필자가 영어 또는 중국어로 무장이 되었다면 많은 중국 학생들에게 복음을 전할 수 있는 기회가 되었을 것이다. 특별히 이곳 뉴질랜드로 오는 중국인 유학생들의 경우 중국에서 7%에 해당되는 사람들의 자녀들이 이곳으로 유학을 왔다.

4. 상황에 맞는 프로그램 개발

짧은 기간을 머물고 있는 유학생들에게 성경공부를 통해서 제자화를 만들겠다는 필자의 계획은 무리가 있었다. 도리어 찬양팀을 구성하고 찬양예배를 이끄는 프로그램을 추진했다면 좋은 결과가 이루어졌을 것이다. 또는 유학생을 위한 공동체로 쉼터 같은 것을 운영한다면 유학생들에게 쉽게 만날 수 있는 길이 될 것이다.

5. 귀국후에 신앙지도의 문제

유학생 사역의 또 하나의 문제는 귀국후에 그들의 신앙을 지도할 손길이 없다는 것이다. 신앙이 확고하게 잡힌 청년들은 귀국후 교회에 소속되어 신앙생활을 하였지만 여러 청년들은 점차 교회를 떠나갔다. 그들과 통화를 하면, 애써 변명하기를 '마음속으로는 기도하고 있다.' 필자가 유학생들을 위해 시간과 재물을 들여 복음을 전하지만 한국에서도 신앙지도를 하지못한다면, 필자의 수고와 노력의 가치는 쉽게 잃어버리게 된다. 물론 복음을 들은 그들이 언젠가는 주께로 돌아올 것이라고 하지만 막연한 기대를 거는 것은 적합하다고 여겨지지않는다.

6. 부족한 재정과 그 외의 문제들

재정의 부족과 팀원의 부족은 사역의 규모를 작게 만들었다. 이런 부족은 부작용을 낳게 되었는데, 사역의 방향을 접촉점 중심으로 바꾸어야 했다. 유학생들을 위한 축구같은 스포츠 그룹을 만들거나 여행을 위한 모임을 만드는 것이었다. 결국

Rev. Dong Guk Shin

축구를 통해 접촉점을 찾으려는 노력도 남는 것은 신앙이 아니라 스포츠 그룹만 남게 되었다.

오클랜드에서의 사역

오클랜드에서의 사역은 쉽지 않은 사역이었고 성공적이지도 못했다. 그 결과를 정리해 보면
첫째, 팀사역에 대해 준비가 부족했다.
둘째, 팀사역을 위해 팀원 간에 훈련이 먼저 필요했다.
셋째, 사역 중심으로 장소를 정하지 못했다.
넷째, 재정이 부족했다.
다섯째, 목적과 방향을 분명히 정하지 못했다.

해밀턴으로 목양지를 옮기다.

해밀턴은 오클랜드에서 자동차로 1시간 40분이면 도착할 수 있는 곳에 위치해 있다. 해밀턴은 뉴질랜드에서 네 번째로 큰 도시로서 해밀턴 시의 인구는 13만 이내 이며, 이중 한인은 약 800명(정확한 숫자파악이 안된다, 필자 추정) 가량 된다. 이곳 해밀턴 시에 한인 개신교 6개와 캐톨릭 1개가 있다. 해밀턴에 한인교회의 역사는 김건일 한인 목사가 뉴질랜드 장로교 소속으로 1995년 2월 St. Andrews Presbyterian Church 에 부목사로 부임하면서부터이다.
해밀턴감리교회의 역사는 개포감리교회(강남구 일원동 소재)에서 수련목으로 진급중이던 송명헌 목사가 개포교회로부터 선교사로 파송을 받고 2002년 5월부터 예배를 드리면서 시작되었다. 해밀턴교회는 이민자가 몰려들던 2004년경에는 교회 참석인원이 97명에 까지 육박했으나 2005년 말 교회가 셋으로 분파되었다. 그후

"I Will Do Better Tomorrow" (Korean)

필자가 부임했을때, 약 30-40 명의 성도들이 예배를 드리고 있었다.

해밀턴으로 목양지를 옮긴 2006 년 12 월부터 필자의 사역은 유학생 사역에서 이민목회로 방향을 바꾸었다. 때문에 오클랜드에서 경험했던 유학생 사역이나 한국학교 봉사와는 또 다른 목회 형태였다. 물론 한국에서 하였던 목회와도 다른 목회 형태이다. 한국 국내 목회가 신앙중심의 사역이라면 이민목회는 문화중심의 사역이다. 한국교회는 그리스도를 구주로 영접한 사람들을 중심으로 목회 활동을 한다. 그러한 이유로 국내 목회사역은 신앙중심의 프로그램을 목표로 한다. 그러나 이민목회는 한인공동체로서의 역할을 감당하는 목회활동을 한다. 이민교회 구성원은 크게 두 그룹으로 구분할 수 있는데, 한국에서부터 신앙생활을 하던 그룹과 이민생활을 하면서 신앙생활을 시작한 그룹이다. 한국에서 신앙생활을 하던 그룹들은 한국에서 신앙생활을 하던 방식대로 신앙을 유지해 나가기를 원하는 경향을 보이며, 목회자에게 신앙적 프로그램을 더 많이 요청하는 양상을 띤다. 이민 생활 중에 신앙을 접한 사람들은 교회로부터 각종정보와 친목도모를 추구하는 경향이 있다. 필자가 해밀턴에 오면서 목회의 방향이 이민목회로 전환을 하였는데, 목회의 중심 대상이 이민자가 되고, 유학생 사역은 유학생이 사역의 대상이었다.

부임 첫날 갈등을 목격하다

" 교회는 문제 있는 사람들이 모인 곳이기 때문에 언제나 문제가 생길 수 있습니다. " 한국에서 목회할 때, 어떤 분으로부터 들었던 이야기였다. 한국교회는 문제가 있어도 말씀으로 행사를 통해 갈등을 풀어가지만 이민교회는 문제가 발생하면 교회를 떠나는 이들이 발생한다. 때문에 이민교회는 문제만 없으면 부흥한다는 말을 한다. 이민교회는 예기치

Rev. Dong Guk Shin

못하는 수많은 갈등이 앞길에 복병처럼 숨어있기 때문에 문제만 발생하지 않도록 하면 된다는 것이다. 그런데 문제를 빗겨갈 수 없는 문제들이 발생한다. 필자가 해밀턴감리교회에 부임한 바로 그날, 2006 년 12 월 17 일, 해밀턴교회에서 처음 예배를 인도한 날이었다. 애찬의 시간이 끝나기 무섭게 교회 식당 한쪽에서 옥신각신하고 있었다. 한 테이블에 대여섯 사람이 모여 있었다. 그중 두세 사람이 심하게 논쟁을 벌이고 있었다. 논쟁의 주제는 애찬에 대한 문제였다. 주방의 문제는 여선교회에 회원 간에 갈등이 있다는 것이다. 보통의 경우 주방의 모든 권한은 여선교회 회장이 권한을 행사하는데, 해밀턴교회는 나이 많은 성도가 큰소리를 지르고 있었다. 그 교회는 젊은 교회로서 젊은 집사들이 10 여명 있었으나 비슷한 연령층으로 구성되어 있었다. 젊은 집사들은 나이든 성도로부터 신앙보다는 나이에 눌리고 사회적 경륜에 눌리고 있었다. 어떻게 되었을까? 직분도 없는 성도가 주방의 권한을 행사하며 직분자들을 이리저리 부리고 있었다. 이때부터 교회의 갈등은 하나씩 수면위로 떠오르고 있었다.

갈등은 이민교회의 특징

갈등은 이민교회의 특징입니다. ' 소가 없으면 구유는 깨끗하려니와 소의 힘으로 얻는 것이 많으니라(잠 14:4)' 때로는 목회자를 힘들게하는 성도들이 있어서 필자로서 목회자가 된 사실에 힘들고 어려움을 느낀다. 더욱이 이민자들은 더 목회자를 힘들게 하는 요소가 있어서 '내가 왜 이민교회에서 목회를 하게 되었을까' 한탄도 하게 되지만 갈등이 있기에 목회자로의 보람과 기쁨도 느낄 때가 많이 있다. 필자는 부임 첫날 갈등을 목격하고, 다음과 같이 선포했다. "2006 년 임기는 12 월로 마감하니 그동안 맡으셨던 모든 직임들은 12 월까지만 감당하시고, 그 이후에는 모든

"I Will Do Better Tomorrow" (Korean)

임명받으시고 섬기시던 사역을 중단한다." 일단 여선교회의 갈등은 추후로 미루었고, 점심으로 나누던 애찬도 12월 말로 중단이 됐다. 당시 당회를 앞둔 시기였던 이유로 전임목사는 5 명의 신천집사를 세우려고 준비중이었다. 이미 기획위원회에서 가결된 사람들이었다. 이런 상황 속에서 필자는 모르는 사람을 집사로 세울 수도 없고, 천거된 사람들을 집사로 세우지 않으면 이미 전임자에 의해서 기획위원회에서 결정된 사항을 무시하는 꼴이 될 수 있는 상황이 되었다. 필자는 형식적이지만 다시 절차를 밟아서 5 명의 신천집사를 세우려고 하였다. 필자는 해체시켰던 기획위원회를 복귀시켰다. 복귀된 기획위원회는 지난해부터 수고하던 분들이었다. 신천집사를 형식적이지만 심사하는 과정에서 주일성수와 의무헌금 부분에 대해 토의 하던 중 기획위원 한분이 " 십일조를 하지 않으면 교회도 다니지 못하느냐?" 라고 하면 언성이 높아졌다. 그 후 교회는 악성 소문이 들리기 시작하였다. " 해밀턴감리교회는 십일조를 하지 않으면 교회도 다니지 못하는 교회다." 우여곡절 끝에 5 명의 신천집사는 임명 절차를 받게 되었다.

갈등 하나 더하기: 직분자 임명

필자는 부임한 교회의 상황을 너무 몰랐다. 이민자들의 심리도 이해가 부족했다. 이것이 솔직한 고백이다. 필자는 2월 18일에 당회를 개회 하였다. 부임한 지 두 달 만이었다. 필자의 생각은 집사만 10 여명이 되면 문제 발생이 높다고 생각되어 권사를 두 사람 세우려고 하였다. 이 과정에서 필자는 '교회를 떠나려는 사람을 잡으려고 직분을 준다.' 는 입방아에 시달리게 되었다. 사실 그런 비난을 들어도 해명할 길이 없었다. 그랬다. 이곳에 부임한 지 두 세 달 만에 누구는 권사로 누구는 집사로 세운다는 것 자체가 무리한 행동이었다.

Rev. Dong Guk Shin

그러나 지금의 기회를 잃어버리면 교회는 더 큰 혼란으로 들어갈 것이 분명했다. 믿음의 본이 되는 사람을 세우는 일이 가장 먼저 이루어져야 하는데, 직분자들만 많이 세운다면, 그 직분으로 인하여 교회는 혼란과 분란만 일어날 수밖에 없을 것이다. 혼란이 오고 분란이 일어났을 때, 믿음으로 이런 문제들을 해결해 나갈 믿음 있는 사람들이 교회에는 필요한 것이었다. 때문에 그 중에 신앙적으로 굳게 섰다고 생각되는 사람 두 사람을 권사로 세웠다. 이것이 또 문제가 되었다. 당시 이 과정에서 집사 직분을 받은 지 3년이 되었고, 기획위원으로 섬기던 P 집사가 권사로 추천되지 못한 것에 불만을 품었다. 더욱이 P 집사는 K 권사와 갈등 관계에 있었다. 담임 목사를 청빙하는 과정에서 언쟁이 있었던 것이었다. 필자가 대수롭지 않게 여겼던 문제는 눈덩이 불어나듯 갑자기 커져 버렸다. 사람들은 순식간에 친분이 있는 사람 중심으로 나뉘었다. 사람들은 옳고 그른 일에 상관하지 않았다. 친분 있는 사람 편이 되어서 친분 있는 사람을 지지하고 나섰다. 그들은 서로 끌어주고 밀어주는 모습을 보였다. 이 상황은 담임 목사 취임식도 치르지 못한 상태에서 발생되었다. 교회 부임한 지 3개월도 되지 않은 상황이었다. 누구를 찾아가서 설득하고 갈등을 잠재워야 할지도 몰랐다. 아직 성도들은 신임 목사의 말 한마디를 귀담아듣지 않는 상황이었다. 상황은 점점 악화되어 갔다. 몇몇 사람들은 노골적으로 인상을 쓰고 불만을 표시했다. 교회의 상황이 어디로 갈지 예측할 수가 없었다.

원로 목사의 담임자 흔들기

신천권사 문제가 해결도 되지 않고 점점 더 깊은 수렁으로 빠져들어 갈 때, 문제는 또 다른 곳에서 발생하고 있었다. 전임 목사가 서둘러 임지를 이동하는 과정에서 임시로 설교자로 예정된 분이 있었다. 은퇴한 원로목사셨다. 감리교의

"I Will Do Better Tomorrow" (Korean)

원로목사라 함은 은퇴하신 목사을 지칭한다. 원로목사는 그의 아들과 아들의 사업장에서 일하고 있는 청년 한 명 그리고 아들에 의해 소개받고 교회를 출석하는 젊은 사람 두 명이 원로목사와 관련이 있는 사람들이었다. 필자가 해밀턴교회에 부임한 후, 원로목사는 해밀턴교회로 소속을 요구하였다. "만일 교회에 소속시켜주지 않으면 교회를 떠나라는 뜻으로 이해하겠다"고 압박을 가했다. 원로목사께서는 중부연회에 소속된 안산대부지방에 있는 교회에 소속이 되어 있었다. 소속은 특별한 의미가 없는 것이다. 그런데 원로목사께서는 무리하게 요구를 하는 것이 심상치는 않았다. 만일 교회에서 원로목사로 소속을 시켜드리면, 원로목사는 교회법상 모든 회의에 참석할 수 있는 권한과 자격을 얻게 된다. 원로목사는 교회 소속을 계속 요구하였고, 필자는 원로목사를 해밀턴교회로 소속을 옮기는 것을 진행하는 과정에서 임시담임자로 내정이 되려던 사항을 알게 되었고, 결국 의도성 있는 요구라는 사실을 알게 되었다. 당시 원로목사께서는 방문비자로 뉴질랜드에 머물고 있었는데, 뉴질랜드에는 그의 결혼도 안한 아들이 스시 사업을 하며 장기사업비자로 머물고 있었다. 상황적으로보아 원로목사께서는 소속한후에 워크비자를 요구할 것처럼 보였다. 그러나 그분의 교회 소속에 대한 요구는 부탁이 아닌 협박이었다. 1월말 필자가 원로목사를 찾아뵙고, "지금 교회가 둘로 나누어질 지경이니, 교회 사정상 원로목사님을 소속하는 문제를 조금 뒤로 미루겠습니다." 고 하였을 때, 원로목사께서는 "제 3의 파(派)도 있어!" 하며 담임목사인 필자를 압박해 왔다. 즉 교회가 둘로 갈라지는 것이 아니라 3갈래가 될 수 있다는 뜻이었다. 때문에 당신이 원하는 대로 교회에 소속을 시키라는 것이었다. 시간이 촉박해 이야기는 더 진행되지 않았으나. 그분의 언행이 교회를 어떤 상태로 몰고 갈지 알 수 없었고, 교회가 앞으로 어떤 어려움을 격어야 할지 예상 할 수 없었다.

Rev. Dong Guk Shin

만일 원로목사께서 워크비자가 필요하다면, 진실하게 요청하셨다면 더 좋았을 것이라 생각하였다.
3 월 11 일 이었다. 3 월 18 일에 있을 담임목사 취임 및 신천권사. 집사 임직예배를 위하여 일주일전에 예행연습을 하였다. 순서를 맡은 사람들 10 여명과 함께 순서를 점검하면서 모든 순서가 끝나고 있었다. 갑자기 원로목사께서 손을 들고는 "이런 쓸데없는 것을 왜 하느냐" 하며 좌중을 선동하기 시작하였다. 일부 참석자 중에는 " 뭔가 잘못됐구먼! " 하며 동조하기 시작하였다. 필자는 이미 예행연습이 진행 되기 전 원로목사께 검토를 부탁드렸다. 원로목사께서는 필자에게 몇 가지 사항을 언급하였다. 필자는 예행연습전 참석자들에게 "몇 가지 사항은 수정할 것이다" 라고 벌써 참석자들에게 말한 후였다. 그런데 원로목사께서 성도들이 있는 자리에서 그렇게 말하신 것이였다. 아마도 원로목사의 언행은 교회 소속을 뒤로 미룬 것에 대한 불만표출이었다. 예행연습이 어떻게 마무리 되었는지 생각도 나지않는다. 예행연습을 마치고 집에 돌아온 필자는 그동안 진행된 사항을 멘토인 선배 목사께 말씀드리고 지혜를 부탁드렸다. 선배 목사는 한국에서 20 년가량 목회를 하고 있었다. 멘토 역할을 해주시는 선배 목사로부터 지혜를 얻었다. 그리고 3 월 16 일 금요일 밤 10 시 기획위원을 소집하였다. 지난 당회를 통해 기획위원은 3 명에서 5 명으로 확대되어 있었다. 기획위원회 회의는 원로목사께 소속을 시켜드릴 수 없다는 결론을 얻었지만, 한 사람이 반대를 하였다. 지난번 신천권사에서 탈락된 사람이었다. 문제는 더 커지고 확대되었다. 3 월 17 일 오후 원로 목사님 댁을 방문하고 "교회에 소속을 시켜드릴 수 없다, 원로 목사님이 부담스럽다" 고 말씀드렸다. 3 월 18 일 힘들고 어려운 임원 임명식과 담임목사 부임식을 마쳤다. 취임이 아니라 부임이라 사용한 것은 언제든지 떠날 수 있다는 각오를 나타낸 것이다. 부임식이 있었던 그 주일부터 기획위원에서 탈퇴한 P 집사는

"I Will Do Better Tomorrow" (Korean)

약 5 개월 동안 교회를 참석하지 않았다. 또한 직분을 받은 K 신천집사가 몇 주가 지나지 않아서 교회를 출석하지 않고 교회에 안좋은 소문을 내고 다녔다.

직분을 받았으니 교회를 떠난다.

"나도 이제 집사 직분을 받았으니 교회를 떠나겠다." 지난 3 월 18 일 신천집사로 임명받은 한 K 집사가 교회가 맘에 안들었는지 아니면 목사가 맘에 안들었는지 '교회를 떠난다' 고 소문을 내고 다녔다. 어렵게, 정말 어렵게 세례를 받은 성도가 이 교회 저 교회 떠돌다가 필자의 교회에서 집사의 직분을 받았다. 그것도 필자의 손으로 집사의 직분을 받은 것이다. K 집사는 집사로 천거될 때도 논란이 많았다. 기획위원회에서 K 성도에게 집사 직분을 유보하려는 자세를 취하자 몇몇 사람들이 공격을 해왔다 "혼자 사는 불쌍한 사람인데, 사회적 약자인데, 돈 없다고 집사를 안 시키는 교회이냐?" 이민 교회는 신앙으로 뭉친 것이 아니라 서로 서로가 의지하기 위해 모인 집단으로 변해 있었던 것이다. 사실이 그랬다. 몇몇 성도들은 그렇게 생각하고 있었는데 필자만 그렇게 생각하지 못한 것이었다. 필자는 울며 겨자 먹기 식으로 직분을 임명했다. 남은 문제는 주님께서 해결해 주시기를 바랐다. 오도 가도 못하는 상황에서는 주님께 맡기는 수밖에 없었다. 그렇게 필자를 난처하게 만들며 집사 직분을 받은 K 집사가 교회를 떠난다는 것이다. K 집사가 교회를 떠난다는 이유는 교회에서 여선교회 회장을 못하게 되었기 때문이다. 집사 직분만 받으면 여선교회 회장을 할 줄 알았는데, K 신천집사는 집사 직분을 받자마자 여선교회장을 맡고 싶어 했었다. 그리고 마음껏 교회를 좌지우지하고 싶었다. 그러나 믿음 없는 사람이 여선교회 회장이 되었을 때, 발생할 수 있는 문제는 한 사람이 직분을 받고 안받고의 문제보다

Rev. Dong Guk Shin

훨씬 큰 문제를 가져온다. 그렇게 K 신천집사가 교회 출석을 하지 않고 있었다. 필자는 몇 차례 전화를 하였다. K 집사가 집에 있다는 사실을 알고 전화 하였지만, 전화를 받지 않았다. K 집사의 전화기는 발신음과 함께 발신자 전화번호가 나타나게 되어있었다. 전화를 받지 않는 것이었다. 이러한 이유로 필자는 몇 차례 K 집사의 집을 낮 시간에 방문했었다. K 집사는 수학을 가르치는 과외 교사였는데, 학생들이 수업을 받고 있었다. 긴 시간 이야기 할 수 없었고 잠깐 인사만 하였고 방문을 마쳤다. 필자의 행동은 즉각 소문으로 들렸다. 신목사가 강원도에서 목회하더니 여기서도 강원도식으로 목회한다는 것이다. 즉 연락도 없이 아무 시간대에 방문한다는 것이었다. 필자가 할 수 있는 방법은 별로 없었다. 아무것도 하지 않고 기다리는 것이 최선이었다. 그랬다. 하나님께서 일하시지 않으면 필자는 그 문제를 해결해 나갈 힘과 지혜가 없었다. 그렇게 시간은 흘러 K 집사가 6 개월 이상을 교회에 출석하지 않았다. 그동안 교회가 흔들림은 있었지만 결국 연말까지 왔다. 당회가 다가왔다. 해밀턴교회는 당회에서 직분자의 신임을 묻는 무기명 투표 과정이 있다. 이것이 집사 재임명과 직접적인 연관이 있는 것이었다. 당회중, 무기명 투표를 통하여 당회원 과반수가 K 집사의 직분 재신임을 거부했다. 다른 직분자들은 모두 신임을 받았다. 필자는 K 집사에 대한 문제를 기획위원회에 회의에 붙였다. 그리고 기획위원회 결의사항으로 K 신천집사의 집사 직분이 재신임 받지 못했다는 사실을 임원회의에서 발표하고 K 집사에게 편지로 통지했다. 집사 직분을 재임명 받지 못한 것이다.

헌금에 인색한 이민교회

이민교회의 또다른 특징중에 하나는 헌금에 인색한 교회라는 것이다. 자신의 삶속에서 하나님을 만나고 하나님의 은혜를

"I Will Do Better Tomorrow" (Korean)

경험하였다면, 감사로 표현하는 모습이 잘 나타나지 않는다. 국내에서 목격한 상황이지만, 이민교회는 한국내에 있는 교회 신자들 보다 더 헌금에 인색하다. 이웃교회는 '헌금 설교하면 교인들이 떨어져나간다' 고 하면서 교회 장로께서 담임목사에게 '헌금설교를 하지말아달라' 고 요청하는 부정적인 입장이다. 헌금에 대한 부정적인 견해는 이민자 중에 생활이 불안정한 경우가 있기 때문이다. 내일을 예측할 수 없는 삶 속에서 심리적으로 재정적인 여유가 있어야 한다는 요소가 작용한 것 같다. 더욱이 뉴질랜드에 이민 온 이민자들은 이민의 역사가 짧기 때문에 뉴질랜드 사회에 점차 안정적인 삶의 터전을 잡아가게 된다면 이민자들도 헌금에 대한 인식이 많이 변화될 것이다. 담임목사의 견해는 어려운 환경 속에서 하나님을 더욱 의지하는 모습을 갖기 원하지만 아직도 이민자의 신앙은 그렇게까지 자라나 있지 못하다. 주변의 교회들도 큰 차이가 없다. 간혹 이민 온 지 오래된 신자들이 많은 경우에는 다소나마 헌금 생활에 충실한 신자들도 많이 있다. 필자가 섬기는 교회는 2 명의 권사와 13 명의 집사가 직분자로 섬기고 있지만 미자립교회이다. 즉 담임자의 생활비를 감당하지 못한다는 이야기이다. 앞으로 해밀턴교회는 이 문제를 해결해 나가도록 할 것이다.

위험의 파고 중에 아내의 임신

필자는 30 세에 결혼을 하였고, 14 년 동안 자녀들이 없었다. 한국에서 필자가 목회를 할 때, 아내는 교직에 몸담고 있었다. 중학교였다. 아내는 특별 활동 시간에 학생들에게 'Gospel' 이라는 모임을 특 활동 시간에 하기도 하였다. 주중에는 학생들을 가르치느라 다리가 퉁퉁 부어서 돌아왔고, 주말이면 교회 학교 학생들을 가르쳤다. 여름이면 여름 성경 학교, 겨울이면 겨울 특별 프로그램을 운영하였다. 아내는 쉴 수 있는 시간이 없었다. 학교도 집에서 먼 곳에 위치해 있었다. 신체적으로 허약한 아내가 쉴 틈이 없었던 연고로 아이는 생길 수가 없었다. 그러던 중 뉴질랜드로 오게 되었다. 이것이 '이민'이라고 생각도 하지 않았다. 단지 유학생들이 몰려오는데 누군가 유학생들을 위해 일해야 한다는 말에 뉴질랜드로 오게 되었다. '혹시 시간이 되면 영어도 공부할 수 있는 길이 있겠지' 하는 기대감을 가지고 있었다. 2002년 뉴질랜드로 입국한 아내는 몇 년 동안은 제대로 쉬지도 못했다. 비자를 안정적으로 바꾸기 위해 필요한 ILTES 점수를 얻기 위해 시티로 버스를 타고 다녀야 했다. 2006년 초에 GP로부터, GP가 우연히도 아내와 생년월일이 같았다, 임신을 위한 프로그램을 신청해 주었다. 우리 부부는 2006년을 이 과정을 밟으며 시간을 보내던 중 해밀턴으로 임지를 따라 오게 되었다. 그런데 이곳에서 임신 프로그램은 신속하게 진행되어 2007년 2월 말에 시술을 받게 되었다. 교회가 달마다 행사마다 위험의 파고를 넘나들었다. 필자는 아내에게 충격이 될 수 있는 교회에 관련된 말들은 하지 않았다. 이번 기회에 임신이 이루어지지 않으면, 또는 유산이 된다면, 다시는 임신할 수 있는 기회가 없을 것 같았다. 아내의 임신은 뉴질랜드 정부에서 불임 여성을 위한 지원 사업의 일환으로 이루어진 것이었다. 뉴질랜드 정부의 사업은 여성의 연령 40세가 넘으면, 불임 해당자는 정부의 지원을 받을 수 없기 때문이다. 2007년은 아내가 만 40세가 되는 시기였다. 결혼 생활 14년만인 2007년 10월 9일 새벽 4시 필자 부부는 남녀 쌍둥이를 하나님으로부터 선물로 받았다. 그리고 1년이 지난 10월 건강한 아이들의 돐을 보내게 되었다.

신자들이 목회자를 향해 무기로 삼는 것

"I Will Do Better Tomorrow" (Korean)

신자들이 목사를 위협하는 방법이 몇 가지 있다. 그 몇 가지 방법이 교회를 약하게 만들고 성도들의 믿음이 자라지 못하게 만든다. 그 첫 번째는 교회에 출석하지 않겠다는 것이다. 다른 교회들도 신자들이 교회에 나오지 않겠다고 말할 때가 있지만, 이민 교회는 발생 빈도가 더 많이 일어난다. 필자가 해밀턴 교회에 후임 목사로 소개되는 날, 한 집사 가정이 교회를 출석하지 않았다. 이유인즉 후임 목사를 청빙하는 책임을 맡았던 두 집사가 청빙 과정에서 말싸움이 있었다. 전임목사는 필자와 함께 예배 후 그 집사의 가정을 방문했다. 전임목사는 후임목사인 나를 그 집사 부부에게 소개하고, 집사 부부를 달래며 '교회에 계속 출석하시어 신앙 생활을 계속해 달라' 고 부탁을 하고 있었다. 부임한 지 얼마 지나지 않은 두 세달 후, 두 가정이 '교회를 나오지 않겠다' 는 이야기가 들렸다. 몇 차례 심방을 했었으나 한번 삐뚤어진 마음은 다시 교회로 돌리기 어려웠다. 필자는 생각했다. 신자들이 예배 시간에 예배당에 앉아있다고 신앙이 있는 것도 아니고 자라는 것도 아니다, 믿음은 하나님께서 자라게 하신다. 성도들이 예배에 참석 안 하는 문제, 예배 시간에 예배에 참석하는 숫자에 연연하지 않겠다. 한 가정(K 집사)은 떠났고 다른 한 가정은 다시 돌아왔다. 지난 1년인 2007 년 동안이 문제와 씨름하였더니, 이제는 신자들이 교회를 떠난다는 문제로 필자를 위협하거나 괴롭히지는 않는다. 교회를 떠난다는 위협이 필자에게는 아무 무기(?)가 되지 않는다는 것을 알게 되었고, 다른 성도들도 받아들이게 된 것이다.

두 번째는 교회로부터 또는 목회자로부터 맡겨진 역할을 안 하겠다는 것이다. 신자들이 교회 일을 안 하겠다는 것은 여러 가지 이유가 있겠다. 필자는 신자들이 '교회 일을 안 하겠다' 는 것도 교회나 목사에게 불만을 표출하는 것이다. 한 K 권사가 다른 집사와 갈등 관계에 있었다. 필자에게 그동안 교회에서 맡았던 일들을 모두 내려놓고 교회에서 맡겨진

Rev. Dong Guk Shin

봉사를 하지 않겠다는 것이었다. 그 K 권사는 교회의 중요하다는 두세 가지의 일을 맡고 있었다. 필자는 '하지 않겠다' 것을 일을 억지로 시키는 것은 좋지 않다고 생각했다. 물론 사람에 따라 목회자의 충고를 달게 듣고 목회자의 뜻에 순순히 따르는 신실한 신자도 있지만 이번 경우에는 그렇지가 않았다. 필자는 기획위원회에서 K 권사의 뜻을 말렸지만 요지부동이었다. 다음날 임원회의에서 K 권사는 '타 지역으로 이사를 갈 것' 이라는 변명을 하며 그 동안 맡았던 모든 직임을 그만 두었다. 필자는 다른 성도들과 함께 '집이 팔리면 그때 그만 두셔도 된다'고 말렸으나 K 권사는 더욱 확고하게 밀고 나갔다. "하나님이 아니면 누구 저 강퍅한 마음을 돌이킬 수 있겠는가?" 라고 생각하고 임원회의에서 K 권사의 뜻을 받아 들였다. K 권사가 그렇게도 이사를 가고 싶어 했으나 하나님은 그 이사를 허락하지 않으셨다. 5 개월이 지났으나 여전히 집은 팔리지 않고 있으며, 전 세계적인 부동산 버블 붕괴로 부동산 매매는 이루어지지 않고 있다. 필자는 하나님께서 옮기셔야 움직일 수 있었던 이스라엘 백성들의 광야 생활을 기억했다. 구름 기둥과 불기둥이 움직이지 아니하면 이스라엘 민족은 움직일 수 없다. 구름 기둥과 불기둥을 떠나면 고통과 괴로움 죽음뿐이다. 하나님은 하나님의 교회를 굳게 세우시기를 원하신다.

세 번째는 나쁜 소문이 나는 것이다. 목회를 시작 초기에 필자의 어머니는 말씀하셨다. "목사는 돈을 주고서라도 명예를 사야 한다" 한마디로 평판이 좋은 목사가 되어야 한다는 뜻이다. 평판이 좋아야 교회도 부흥하고 하나님께 영광도 돌릴 수 있다는 뜻일 것이다. 그러나 명예나 좋은 평판만을 따르려고 한다면 목회자는 시험에 들 것이다. 위에서 언급했던 K 집사가 몇 달 동안 교회에 출석하지 않았었다. K 집사(성도)는 해밀턴 지역에 있는 사람들을 만날 때 마다 필자를 향해 비난을 했다. 자신의 행위는 기억하지 않고

"I Will Do Better Tomorrow" (Korean)

"신목사가 몇 달이 지나도 심방도 오지 않는다"고 하였다. 그 소식을 듣는 사람들이 필자를 행해 "냉정한 목사"라고 비난을 해댔다. K 집사가 당회에서 집사 직분을 면직 당했을 때, 지역 사회에서는 필자에 대해 썩 좋지 않은 소리가 있었을 것이다. 그러나 K 성도가 다른 교회를 출석하였을 때, K 집사(성도)는 필자가 담임한 교회에서 행하던 습관이 또 나왔다. 다른 성도들을 휘두르는 못된 습관이 옮긴 교회 주방에서 또 나타났었다. 목사는 평판이 좋은 목사가 되기로 생각을 한 순간, 성도들의 잘못된 행실을 고칠 수 없다고 생각해야 한다.

네 번째는 맡겨진 일을 불평하면서 하는 것이다. 이민교회가 안고 있는 불안요소 중 하나라면, 신앙적으로 준비가 되지 않은 신자들에게 직분을 주고 교회 일을 부탁하는 것이다. 준비가 되지 않은 신자들에게 직분을 부여하는 것은 갓난아이에게 단단한 음식을 먹이는 것과 같은 것이다. 이런 요소들은 교육을 통해서 지속적으로 지도해 나아가야 한다. 필자는 4 개의 소그룹을 지도하고 있는데, 이는 성인 성도 50%에 가까운 숫자이다. 교육은 사안이 발생할 때마다 소그룹에서 신앙적인 모습을 교육하고 있다. 교육은 현실적이고 직접적인 사항들이라 교육을 받은 사람들은 교육을 통해 잘 대처해 나가도록 하고 있다.

이민교회에서 필요한 리더쉽

리더쉽에 대한 이야기가 있다. 두개의 그룹이 있는데 이 두개의 그룹이 전쟁을 한다면 어떤 그룹이 이길 것인가?, 한 개의 그룹은 양이 리더로 있고 사자들이 구성원으로 된 그룹이며, 다른 그룹은 사자가 리더이고 양으로 구성된 그룹원들이 있는 조직이 있다. 두 그룹이 싸움을 벌이면

Rev. Dong Guk Shin

사자가 리더로 있고 양들이 구성원으로 된 그룹이 이긴다는 것이 리더쉽의 요지이다. 그동안 필자가 교회들을 살펴보았는데, 양같은 목회자가 있고 사자같은 성도들이 있는 교회와 사자같은 목회자가 있고 양같은 성도들이 있는 교회가 있다. 교회가 평화롭고 안정적인 교회는 리더인 목회자가 사자와 같아야 한다. 또한 이민사회에 많은 영향력과 교회의 성장 그리고 성도들의 신앙성장에 도움이 되는 교회는 당연히 사자같은 목회자에 양같은 교회였다. 이민교회가 건강하지 못한 요소들이 몇 가지가 있는데, 먼저 준비되지 못한 사람에게 직분을 허락하고 교회 일을 하게 하는 것이다. 또한 뉴질랜드는 유동인구가 많다는 것이다. 약 30%의 신자가 조기유학을 위해 온 유학생 부모이고, 어학연수를 온 청년들이다. 때문에 교회에서 정한 규율이 상황에 따라 사람에 따라 좌우되는 경우가 많다. 한마디로 원칙이 너무 쉽게 변할 수 있다는 것이다. 원칙에 너무 메어 있어서도 안되지만 이민교회는 원칙이 너무 잘 변한다. 공동체의 원칙이 자주 변하게 되면, 원칙에 의해 공동체가 움직이는 것이 아니라 사람의 소리에 의해 움직이게 된다. 목소리가 큰 사람에 의해 움직이기 시작하면 작은 목소리를 가진 사람들의 상황과 형편을 파악하기 어렵다. 때문에 이민목회에서 중요한 것은 공동체 전체를 위한 원칙을 세워가는 것이 중요하고 원칙이 어느정도 이루어 지고 있다면, 중요한 원칙은 지켜나가는 것이 중요하다고 생각한다.

현재의 해밀턴 교회

해밀턴교회는 지난 2 년동안 감당하기 어려운 문제를 넘어왔다. 비록 외양간에 소가 없어도 주님의 말씀으로 인하여 기뻐하겠다는 목회적인 소신이 모든 어려움을 극복해 나가도록 하셨고, 그에 대한 선물로 하나님은 결혼 14 년만에

"I Will Do Better Tomorrow" (Korean)

남.여 쌍둥이 자녀를 허락해 주셨다. 정말 감사한 일이다. 필자는 이런 하나님에 대한 확신을 가지고 목회를 하려고 한다. 2008 년 해밀턴교회는 평화와 안정을 향해 나아가고 있다. 하나님께서 건강한 교회로 해밀턴교회를 이끄시고 계신다. 그로 인해 건강한 교회로 탈바꿈하고 있다. 건강한 교회가 될 때, 교회는 그 힘으로 새로운 일을 추진해 나갈 수 있다. 교회가 평안해지면 신자들의 삶이 힘을 얻는다. 마치 건강한 산모가 건강한 아이를 낳을 수 있는 것과 같다. 만일 산모가 약하면 유산이 되기도 쉽고, 태아가 생명을 유지해도 연약한 아이로 출생한다. 산모가 연약하면 태어난 아이를 돌보고 양육하는 일도 힘들고 어렵다. 이제 해밀턴 교회는 건강한 모습으로 변해가고 있다. 지난해의 어려운 파도를 지났다. 한 두사람이 교회를 좌지우지하던 교회에서 모든 사람을 세우는 교회로 점차 나아가고 있습니다. 전에는 주변 사람들이 염려해 주던 교회에서 이제는 주변과 지역 사회와 교회들을 염려해 주는 교회로 점차 변화되어가고 있다. 또한 앞으로 담임목사에 의해 목회의 리더쉽이 나타나는 교회가 되도록 박차를 가하게 될 것이다.

앞으로의 목회

앞으로의 목회는 먼저, 기쁨이 넘치는 신앙생활이 되도록 노력할 것입니다. 구원의 기쁨을 누리는 교회가 되어야 한다. 즐겁고 기쁜 모임이 성경 공부와 셀 그룹을 통해 하나님을 알게 되면 기쁨의 교제는 하나님과 자신 그리고 성도간의 교제를 기쁨으로 이끌도록 이끌어 왔다.

둘째, 전 교인이 주의 일군이 되는 교회가 되도록 해는 것입니다. 교회에서 봉사활동은 봉사하는 사람이 교회에 대해 주인의식을 갖게 합니다. 때문에 교회에 소속된 그리스도인은

Rev. Dong Guk Shin

모두가 주님의 몸 된 교회를 위해 일하도록 할 것입니다. 신자들이 교회에서 봉사를 할때, 한가지 이상의 봉사를 하게되면, 교회에 소속된 기쁨을 느끼도록 한다. 교회에서 봉사를 하나 이상 분담을 통해 모든 성도가 섬기는 교회가 되도록 할 것이다. 어떤 성도는 교회에서 너무 많은 봉사를 하게되어 가족과 함께있는 시간이 부족할 때가 있습니다. 때론 자신은 많은 시간을 교회에 봉사하는데, 다른 성도들이 자신처럼 봉사를 하지않으면 불평과 원망이 나올 수 있다.

셋째, 성령의 열매를 맺는 영성생활에 초점을 맞출 것입니다. 신앙은 삶으로 나타나야 합니다. 삶과 구별된 신앙은 진정한 그리스도인의 신앙생활이 될 수 없습니다. 오늘날 '교인은 있어도 신자는 없다'는 소리를 듣습니다. 교회 안에서 뿐만 아니라 교회 밖에서도 그리스도인으로 살아가야하는 삶을 실천하도록 하려랴 합니다. 그리스도인의 신앙생활은 열매 맺는 신앙으로 방향을 바꾸어야 합니다. 열매 맺는 신앙이란 뚜렷한 목적의식과 방법이 성도를 열매 맺는 신앙에 매진하도록 해야 할 것입니다. 그동안 신앙이 좋다는 소리는 예배 참석 잘하는 신자로 인식해 왔습니다. 그러나 삶속에서 열매가 맺히는 신앙이 많은 사람의 신앙적인 본이 되도록 할 것입니다.

마지막으로 앞으로 교회가 해야 할 일은 기독교적 사고를 가진 사람들을 키워내는 것입니다. 이민 교회는 다양한 문화와 언어의 장벽을 넘은 자라나는 세대들이 있습니다. 다음세대을 키우고 세우는 목회입니다. 먼저 교회에 소속된 자라나는 세대들이 신앙으로 바르게 자라나도록 하는 교육입니다. 이민 1.5 와 2 세대들이 세계 곳곳에서 주님의 일을 해 나가도록 비전을 제시 주는 교육입니다. 분명한 목적의식과 교육으로 하나님께서 기뻐하시는 그리스도인으로 세워갈 것입니다. 또한 사람을 세우는 목회는 아직도 복음을 접하지 못하고,

"I Will Do Better Tomorrow" (Korean)

주님을 알지 못하는 유학생들을 주께로 인도하는 유학생 선교센터의 설립은 해밀턴교회가 추진해 나가야 할 사항이다.

Rev. Hugh Park

Chapter 4:
"호주에서 감리교인으로 사는 이야기"
박웅걸목사

들어가는 말

나는 이 글을 통하여 호주 교민으로서 갖는 한국 감리교 정체성(Identity)과 삶의 정황을 생각해보기를 원한다.

실제성과 현장성을 높이기 위해서 호주에서 20 년 이상을 한국교민으로 살아오고 있는 한국 감리교인 출신의 권순형 발행인의 인터뷰를 통하여 이 글으기초원고를 썼다. 그는 지난 20 년 동안 'Christian Review'라는 기독교 월간지를 발해하면서 호주의 기독교 문화에 크게 이바지 해왔다.
한국에서 호주로 오게된 동기와 호주에서의 삶의 모습, 그리고 그의 기억 속에 어렴풋이 남아있는 감리교인으로서의 정체감 등을 토대로 내가 지난 19 년 동안 호주의 연합교단 (Uniting Church in Australia) 소속의 교인과 목회자로 살아오면서 느끼고 배운 신학적/신앙적 reflection 을 이 글에 첨가하였다.

월간지 '크리스천 리뷰' 발행인 권순형 권사 이야기

"A Story of A Methodist Christian Living in Australia" (Korean)

"권사님, 이번주까지 원고를 보내겠습니다."
"권사님, 내일 잠깐 만나야 겠습니다."

지난 20 년동안 호주에서 살면서 '크리스천 리뷰지'라는 기독교 월간지를 발행해오고 있는 권순형씨를 호칭하는 말이다.
장로교인들에게 '권사'란 명칭은 나이 든 여성 지도자를 의미하지만 감리교인들에게는 장로가 되기전 성별에 관계없이 주어지는 직분이다.

하지만, 호주의 교민사회에서 어떤 남자가 '권사'라고 불리우면 그건 거의가
호주를 잠깐 방문하고 있거나 아니면 호주에 온지 얼마되지 않은 감리교인이라고 말해도 과언이 아니다. 호주에는 공식적으로 감리교단이 존재하지 않기 때문이다.

권순형 발행인은 이렇게 말한다.
"사람들이 나를 '권사'로 부를 때 마다 나는 어렴풋이 잃어가는 감리교인의 정체성을 다시 상기하곤 합니다.

그는 한국의 감리교단 소속의 목회자의 집안에 태어났다.
자신의 부친이 감리교단의 목사였기 때문에 그는 자신의 선택과 전혀 상관없이 감리교인으로 태어났던 것이다.

한국에서의 권발행인의 신앙생활은 거의 대부분이 감리교인으로서였다.
아버지를 따라 감리교회를 함께 섬기며 성장했고 주일학교, 학생부, 대학부 모두를 감리교회에서 보냈고 성가대 지휘자 및 재직의 헌신 역시 모두가 감리교회를 통한 경험에서였다.

그러다가 20년전 호주에 이민하면서부터 그의 감리교인의 정체성이 현장을 잃어버리게 되었다. 그가 호주에 왔을때에는 이미 호주에 감리교단이 존재하지 않았기 때문이다. 자신의 선택과 관계없이 한국에서 감리교인으로 살다가 호주에 와서도 자신의 선택과는 전혀 없이 비감리교인으로서의 삶을 시작하게 된 것이다.

권발행인의 이러한 경험은 기독교 교단들이 갖고 있는 차별된 신학과 교리에 재미있는 질문을 제시한다고 나는 생각한다. 예를 들어, 한국의 장로교단이 갖는 교리 중에서 예정설(Predestination)이라는 것이 있다. 즉, 어느 한 개인이 태어나기도 전에 그의 구원은 이미 예정되어 있다고 주장하는 교리다.

나는 한국의 장로교회(합동측)에서 태어나 나의 성장기를 거기에서 보내고 20대 후반에는 장신대 신학대원(통합측)에서 신학수련을 받았다. 그리고 호주에 와서는 호주의 연합교단 소속의 교회에서 신앙생활을 하다가 연합교단 신학교에서 다시 신학을 공부하여 연합교단 소속 목사가 되었다.

장로교단이 주장하는 교리인 '구원 예정설'은 나의 마음 속 깊이 자리잡고 있는 일종의 불문률과 같은 신조였는데 호주에서 나의 교단이 바뀜으로 말미암아 나의 '구원 예정설' 역시 바뀌는 결과가 일어났다는 말이다.

어느 특정한 교단이 고수하는 교리란 그 소속 교회에서 신앙생활을 하면서갖게 되는 교회의 규칙 그 이상을 의미한다고 나는 생각한다. 다시 말해서, 어떤 교리는 한 개인의 세계관과 인간관, 심지어 사회관 까지 규정하고 영향을 미치는 신앙의 내용이기 때문이다.

"A Story of A Methodist Christian Living in Australia" (Korean)

나는 한국에서 장로교인으로 살면서 아무리 누군가를 전도하려고 해도 그가 하나님의 '구원 리스트(Salvation List)'에 들어있지 않다면 절대로 구원 받을수 없다고 배웠고 또 그렇게 믿었다. 그러나 그러한 나의 '예정설' 이해는 한국의 통합측 장로교단에서 신학훈련을 통과하면서 많이 희석되었고 호주에 와서 연합교단에서 신앙생활과 목회생활을 하면서 거의 완전히(?) 내 개인의 신학내용에서 제외되었다.

'구원 예정설'이라는 하나의 교리가 어느 개인의 교단성이 바뀜으로 자연스럽게 '다르게' 받아들여지고 신앙되어진다는 것에서 알 수 있듯이, 권발행인이 한국에서 믿고 이해하고 있었던 신앙내용들이 호주에서 그의 직업인 기독교 월간지 발행이라는 새로운 인생을 통하여 적지 않게 도전받고 새롭게 태어났다고 할 수 있다.

권발행인은 이러한 사실을 대학에서 들어야 하는 '필수과목(Compulsory subjects)'라고 표현한다. 어느 개인이 어떤 대학의 어떤 과를 선택할수 있는 권리는 있지만, 그 학교에서 제공하는 커리큘럼에 이미 정해져 있는 필수과목을 정하는 데에는 아무런 권리가 없다는 뜻이다. 자신의 취향이나 신조에 아무런 상관없이 의무적으로(Compulsorily) 들어야 하는 과목이기 때문이다.

권발행인의 감리교인으로서의 정체성 역시 이렇게 이해할 수 있다.
한국에서는 감리교단의 목회자 가정에 태어났다는 '운명'때문에 감리교인이 되었고 호주를 이민의 나라로 선택하여 호주에 와서 非감리교인으로 살아야 했던 점 역시 자신이 선택과 전혀 상관없는 운명에 의한 것이라는 말이다.

Rev. Hugh Park

권발행인은 자신이 호주에서 살아온 지난 20 년은 '감리교인'이라는 자신의 교단성을 지속적으로 그리고 의도적으로 극복하고 넓혀가면서(stretch out) 살아온 세월이였다고 말한다.
기사 인터뷰를 위해 만나는 사람들의 교단성이 다양했고 행사취재를 위해 방문하는 교회들의 교단성이 다양했기 때문이다. 또한 무엇보다더 그가 인터뷰하고 취재한 이야기들을 기사화하면서 자신의 감리교인의 정체성을 '의식적이고 의도적'으로 극복해야 했다는 것이다.

권발행인이 발간하는 '크리스천 리뷰지'는 지난 수십년 동안 호주의 한인교인들에게 가장 넓게 그리고 많이 읽혀져 왔던 기독교 월간지였다. 호주에서 원고를 제공하는 사람들이 다양한 교단소속의 목회자요 교인이고 기사의 행사내용들이 각종 각양의 교회요 단체였기 때문이였다는 이유 말고도, 권발행인의 기독 월간지는 한국과 또 때로는 미국의 다양한 교민 기독교 계층에 의해서 읽혀지고 있기때문이다.

호주 전역의 한인교회들을 탐방하고 호주 기독교의 행사장들을 방문하면서 권발행인은 자신을 크리스천 리뷰지의 발행인이라고 소개한다. 그러다가 간혹 감리교인이나 감리교단 목회자를 만나면 자신도 한국에서는 감리교인이였다라는 말하고 감리교인의 정체성을 잠깐이나마 함께 나눈다고 한다.

내가 권발행인의 교단 정체성을 ' 非 감리교인(non-Methodist)'이라고 표현하자 그는 자신을 '超 감리교인(post-Methodist)'이라고 묘사하고 싶다고 말한다. 무척 재미있는 용어다.

"A Story of A Methodist Christian Living in Australia" (Korean)

감리교인이기를 포기한 정체성이 아니라 감리교인임을 초월한 정체성이라는 뜻으로 나는 이해한다. 권발행인에 의하면 1995년도 이후에 호주에서 창립된 한인교회들의 대부분이 교단명을 교회이름에 표명하지 않는 경향을 띄고 있다고 한다. 차세대(New generation) 교인들은 교단성에 별 의미를 두지 않고 있기 때문이라는 것이다. (예를 들면, XX 장로교회나 XX 침례교회가 아니라 그냥 XX 교회란 교회명을 선택한다는 것.)

2002년 호주 교회협의회에서 조사한 통계에 의하면 호주의 1세대 교인들과 2세대 교인들 (연령 50세를 기준으로 하여)의 커다란 차이점이 '교단 소속감(Denominational loyalty)'의 결여라고 한다. 호주가 현재의 '후기 기독교 시대(Post-Christendom)'에 도달하기 전인 1980년도까지에는 'Once a Presbyterian, then forever a Presbyterian (한번 장로교인이면 영원한 장로교인이다)'이라는 신념이 일반적인 통념이였다는 것이다. 내가 시무했던 어떤 호주연합교회의 Bruce 라는 교인은 그 교회에서 20년을 신앙생활하다가 타계하면서 자신이 젊었을 때에 등록하였던 어떤 영국 성공회 교회(Anglican church)의 장례를 요구하면서 자신의 영국 성공회에 대한 Denominational loyalty 를 끝까지 고수하였던 case 가 있었다. 약간 극단적이긴 하지만 60대 이상의 연령층의 호주교인들에게서 흔히 볼 수 있는 교단 정체성의 일면을 잘 말해주는 이야기다.

나는 권발행인이 한국에서의 자신의 감리교 정체성을 포기한 것이 아니라 21세기의 수많은 세대들의 無교단성과 그리고 자신의 사역이자 직업인 기독교 월간지 발행인으로서의 범교단성을 극대화하기 위하여 자신의 감리교 정체성을 초월하였다는 뜻으로 이해한다.

권발행인이 갖는 다양한 교단에 대한 지식과 정보는 그야말로 대단하다.
심지어 호주의 어느 한인교회의 백그라운드가 무엇인지, 어느 교회의 담임 목회자가 어디에서 신학을 하고 언제 어디에서 안수를 받았는지, 또 어느 장로는 한국에서 어느 교단의 교회에서 신앙생활을 하였는지, 정말 다양하고 자세한 교단적, 교회적 정보들을 갖고 있다. 권발행인의 관심사는 어느 교회와 어느 목회자가 어느 교단 출신인가에 있지 않고 그 교회와 그 목사가 정통 기독교 신학과 교리를 고수하고 있는가에 있다고 나는 생각한다.

그는 교회와 목회자를 교단성에 의해서 다루지 않고 신학과 교리성에 의해서 다루려고 노력하는 범교단성의 균형감각을 잃지 않으려 노력하는 것이다.

그렇다고 그의 그러한 교단 정체의식이 호주의 기독교 현실과 전혀 무관한 것은 아니다. 호주 연합교단 소속의 절반 가량이 감리교단 배경을 갖고 있고 연합교단 소속의 목사들이 적지 않은 수가 감리교 출신의 목회자라는 호주 연합교회의 독특한 현실때문이다. 뿐만 아니라, 현재 호주 연합교단 내의 수많은 교회건물들이 감리교의 자취와 흔적을 갖고 있다. (예를 들어, Altar Rail 이라는 성찬식용의 제단 난간이나 감리교회라는 명칭이 새겨있는 주춧돌이나 초석: ex. Foundation stone.)

호주 연합교단의 출발
여기에서 잠깐 호주 연합교단(The Uniting Church in Australia)의 역사를 간단하게 알아보기로 한다.

1977 년에 호주 감리교단과 회중교단 (The Congregational Church in Australia)과 그리고 장로교단의 절반이상이 하나로

"A Story of A Methodist Christian Living in Australia" (Korean)

합쳐 '호주 연합교회(Uniting Church in Australia)'란 하나의 교단으로 다시 태어났다.

두개 이상의 교단이 하나로 합쳐 하나의 교단이 된 케이스는 세계 기독교사에 그리 흔한 이야기가 아니다. 현재 캐나다 연합교단 (United Church of Canada)와 인도의 연합감리교단, 그리고 미국의 일부 교단적 연합교단만이 그 예라고 할 수 있다.

호주의 연합교단은 1977년에 태어 출범했지만, 이미 세계 2차대전이 끝난 무렵인 1950년대부터 연합의 대화가 시작되었다고 한다. 1960년대를 들어가면서 호주의 감리교단과 회중교단, 그리고 장로교단이 간헐적으로 함께 모여 연합을 위한 신학적 토론과 총회차원의 세미나를 공동주체하기도 하였다.
1970년대 초에는 실제로 몇 개의 서로 다른 교단의 교회들이 함께 연합예배와 교회행사를 시도하면서 연합의 분위기를 이루어 나갔다.

이러한 연합을 위한 사전 준비에서 3교단의 대표들은 다음과 같은 질문을 지속적으로 하였다. "Will The Uniting Church in Australia be a totally new church (호주 연합교회는 전적으로 새로운 교회인가)?"
이러한 질문은 새롭게 태어날 교단의 신학과 교리적 관점에서 매우 중요한 신학적 질문들을 야기시켰다. 만약 호주연합교단이 전혀 새로운 교단이 아니라면, 그것은 이미 현존하고 있는 세 교단의 신학과 교리들을 어떻게 균형있게 그리고 성경적으로 옳게(Rightly) 다시 적립해 나갈것인가라는 현실앞에 서있는 것이기 때문이다. 그리고, 호주 연합교단이 전혀 새로운 교단이라면 새로운 교단에 맞는 새로운 신학과 교리를 어떻게 창출해 낼 것인가라는 무척 커다란 task 를 직면해야 하기 때문이다.

이토록 중요한 질문에 답하기 위하여 연합의 과정에서 신중하게 검토하고 만들어진 '연합의 근거(Basis of Union)'라는 소책자를 만들게 되었다. 이 책자는 연합을 위한 새로운 신학과 교리를 포함하면서도 이미 현존해 있는 세 교단의 신학과 교리들을 다시 분석하여 가장 커다란 분모를 만들어 낸 책이다. 그 중에서 가장 중요한 신앙내용은 '예수 그리스도를 주님과 구주로 고백하는 신앙'과 호주의 사회에 급변하게 일어나고 있는 '다문화 현상(Multiculturalism)'과 그리고 거의 200 년동안 호주의 역사에 어둡게 자리 잡고 있었던 '호주 원주민과의 관계(Partnership with Aboriginal people in Australia)' 등을 새롭게 신학화하고 적용하려한 내용이다.

그렇게 거의 20 년동안의 대화와 만남과 토론을 거듭한 끝에 1977 년 6 월 22 일에 비로서 새로운 교회, 호주 토착화 교회인 연합교단이 출범하였다. 그말은 또다시 1977 년까지 호주에 있었던 다양한 한인교회들의 연합교단 소속이라는 거의 '타인의 선택'에 의한 연합을 의미한다. 당시에 호주에 있었던 한인 장로교회(절반이상)과 감리교회 전부 등이 자연스럽게 호주 연합교단 소속으로 들어오게 되었다. 당시의 어떤 한인교회는 단지 자신들이 빌려 사용하고 있는 호주교회가 연합교단의 교회간판을 달자 자신들고 모르게 하루 아침에 연합교단의 소속이 되었다고 한다.

맺는 말

"A Story of A Methodist Christian Living in Australia" (Korean)

적지 않은 교회들과 기관들이 여전히 '웨슬리안 (Wesleyan)'이란 이름으로 불리우며 연합교단이 사용하는 예배의식의 상당부분이 여전히 감리교 전통을 담고있다는 사실 때문에 권발행인과 그의 가족은 10년 이상을 연합교단 소속의 교회에서 신앙생활을 하기도 하였다.

그럼에도 불구하고, 권발행인은 한국에서의 감리교 정체성과 호주에서의 연합교단 정체성에만 갇혀있지 앉았다.
그가 발행하는 기독교 월간잡지는 진실로 '연합하는 교단 정체성 (Uniting denominational identity)'을 표명하고 있다고 나는 믿는다. 그가 주관하고 계획하는 대부분의 교회행사와 교민행사는 초교파적이다. 서로 다른 교단 출신의 교민들이 한데 어울어져 그러한 행사에 참여하면서 자신들의 좁은 교단성을 넓히도록 종용받는다. 수만명의 교민들이 그가 발행하는 'Christian Review'를 받아 보면서 하나의 하나님 아버지 (One God through one Fatherhood)의 똑 같은 자녀임을 상기한다.

권발행인은 호주 한인사회에서 빚어지는 인권과 구제사업에도 크게 기여하고 있다. 항상 기독교적 사회참여라는 강한 그의 의식은 18세기 영국의 어두운 사회 구석에 영국적 종교개혁의 씨를 뿌렸던 요한 웨슬리의 '감리교 정신 (The spirit of John Wesleyan Methodism)'을 반영한다고 나는 해석한다.
나는 권발행인에게서 교단의 전통과 교리에만 갇혀있던 영국 성공회(Anglican Church in England)에게 예수 그리스도의 인간세상 개입을 강조하고 도전하면서 200년 전통의 감리교단의 초석을 심었던 요한 웨슬리과 그의 형제 찰스 웨슬리의 강력한 사회참여 기독정신 같은 것을 자주 느낀다.

Rev. Hugh Park

아직도 그의 마음 속 깊이 어딘가에는 한국의 감리교 목사로 일생을 마친 자신의 부친으로부터 물려받은 '감리교 정체성'이 깊고 의미있게 자리잡고 있을 것이다. 뿐만 아니라, 주위의 수많은 사람들로부터 '권사님, 권사님'이란 호칭으로 불리울 때마다 한국에서 반평생을 감리교인으로 살아오면서 갖었던 귀한 헌신과 추억들을 이따금씩 떠올릴 것이다.

동시에 호주의 한인 교인으로, 그리고 기독교 월간지 발행인으로 20년을 살아 오면서, 그리고 그렇게 오랫동안 그의 여생을 살면서 권발행인의 '감리교 정체성'은 '超교단적 정체성'으로 끊임없이 극복되고 반영되면서 호주 교민들과 같은 수백만명의 해외 한인교인들에게 진정한 하나님 나라의 시민으로 살아야 하는 디아스포라적 신앙관을 제시하여 줄 것이라고 나는 굳게 믿는다.

"Three Distinctive Characteristics of
The Uniting Church in Australia" (Korean)

Chapter 5:
"호주연합교회의 세가지 전통과 유산"
양명득
호주연합교회 주총회 다문화선교 총무
호주연합신학대학 방문교수
호주디아스포라연구원 원장
호주이민 한인교회 30 년 (2004), *Crossing Borders: Shaping Faith, Ministry and Identity in Multicultural Australia* (2006), *호주한인 50 년사* (2008) 등을 편집하거나 집필함

호주연합교회 (The Uniting Church in Australia) 는 호주감리교회, 호주장로교회 그리고 호주회중교회가 1977 년 연합하여 시작된 호주에서 가장 큰 개신교단이다. 당시 연합되었을 때의 구성을 보면 회중교가 5%, 장로교가 35%, 그리고 감리교가 60% 정도이었는데 서로 다른 교단들이 연합을 하는 이유, 그 기나긴 연합과정, 그리고 연합한 후의 모습을 살펴보는 것은 교회의 속성과 일치를 연구하는 중요한 과제이다.

호주연합교회는 세 교단의 전통과 신조를 인정하면서도 새 교회로서의 하나됨을 말해 주는 '통합합의서' (Basis of

Prof. Myung Duk Yang

Union)을 채택하였는데 그 합의서 첫 머리에 이런 내용이 담겨져 있다.

호주회중교회, 호주감리교회, 호주장로교회는 세계 공교회와의 유대 하에, 그리스도의 선물이며 그리스도의 교회를 향하신 뜻인 하나님을 증거하고자 호주연합교회라는 이름 하에 연합한다. 우리는 이 하나됨이 성부, 성자, 성령 하나님께 영광이 되기를 기도한다. 우리는 지난 날 하나님께서 각 교회에 베푸신 은혜를 찬양하며, 하나님의 사랑에 온전한 순종으로 응답하지 못했음을 시인하고 우리의 예배, 증거와 섬김이 인류구원을 위한 말씀을 밝히는데 쓰이도록 끊임없이 새로워지기를 추구한다. 그러므로 우리는 교회의 살아계신 머리 그리스도께 온전히 충성하므로 함께 나아갈 준비가 되어 있음을 선언하며, 하나님의 말씀하의 지속적인 개혁에 마음이 열려 있으며, 성령의 능력 안에서 보다 넓은 일치를 추구한다. ('통합합의서', 첫 번 문단 중)

이 글은 세개의 교단이 호주에서 어떻게 생성 발전되었으며 서로 어떤 과정과 절차를 통해 호주연합교회를 이루었는지, 그리고 현재 호주연합교회 안에 세 교단의 유산이 무엇인지를 간략하게 나마 기술하는데 그 목적이 있다.

1. 호주감리교회의 생성과 발전

호주에서의 감리교회는 영국감리교회의 연장으로 1812 년 시드니에서 모임을 가짐으로 최초로 시작되었고, 3 년 후 사무엘 마슨 (S Marden)이 도착하여 설교교구를 시드니의 서부인 파라마타, 리버풀, 윈저 등지에 설립하므로 본격화 되었다. 1815 년 부터 1855 년 동안에 호주감리교는 영국의

"Three Distinctive Characteristics of The Uniting Church in Australia" (Korean)

웨슬리안감리교선교회 (Wesleyan Methodist Missionary Society)의 한 선교교구였으며 영국에서 목회자가 파송되었다. 그러나 1855 년 호주웨슬리안감리교는 독립하게 되었고 같은 해 그들의 첫 연회를 시드니에서 열게 된다. 당시 총 다섯개의 교구에 108 명의 목사와 19,897 명의 회원이 있었는데 뉴질랜드, 통가, 피지, 뉴싸울즈웰즈 (이하 NSW), 빅토리아 그리고 테즈메니아이다.

감리교는 호주에 몇 분파가 존재하였는데 1900 년에 80%가 웨슬리안 감리교인이었고, 아델라이드에는 작지만 영향력있는 Methodist New Connexion 이 있었고, 캠프모임을 강조하는 Primitive Methodist 는 주로 NSW 와 퀸스랜드에서 활동하였다. Bible Christian 은 남부호주에서 강세를 보였고, 그 밖에 United Methodist Free Church 와 목사가 없는 Lay Methodist Church 가 작은 그룹으로 있었다.

19 세기 말이 지날 무렵, 여러 분파의 감리교에 대한 회의가 일어났고, 결국 1902 년 감리교의 연합운동이 호주땅에서 완성되었다. 특히 남부호주는 인구의 25%가 감리교인일 정도로 강세를 보였다.

호주감리교회는 사회잇슈에 대해 큰 관심을 가지고 있었으며 19 세기의 주된 관심은 주일성수와 술, 도박, 춤 등의 영향과, 20 세기에 들어서는 인종차별, 전쟁, 가난 등에 대한 관심이었다.

전도와 사회복지를 위한 Central Methodist Mission 이 1884 년 시드니에 첫 설립되었고, Blue Nursing 이 1953 년 퀸스랜드에서, 알란 워커 목사의 상담과 돌봄의 목회 Life Line 이 1963 년에 세워졌다. 호주전역에 중고등학교를 세우기 시작하였고 신학교도 각 주에 하나씩 생겨났다. 사회봉사자 (deaconesses)의 직제도 1945 년 창설되었고, 첫 여성목사도 1968 년 탄생되었다.

1901 년 감리교인들이 연합할때 호주 전체 인구의 13.4%가 감리교인이었는데,

Prof. Myung Duk Yang

1976년에는 인구의 7.3%가 감리교인이라 인구조사에 답하고 있다. 총 1,250 명의 목사, 2,300 개의 교회, 그리고 155,000 의 정회원이 있었고, 983,245 명이 감리교인이었다.

2. 호주장로교회의 생성과 발전

호주에서의 장로주의는 스코트랜드인에 의해 처음 소개되었다. 호주시드니 서부에 스코트랜드인들이 정착한 1802 년 이후, James Mein 과 그들에 의해 Ebenezer 에 장로교회당과 학교가 세워졌는데 이 건물의 원형이 아직 남아 있다. 1823 년에 호주에 도착한 Dr Dunnmore Lang 이 시드니중심에 장로교회를 세웠으며 그 후 다른 목사들이 들어 오기 시작하였다. 1832 년에 스코트랜드교회와의 관계속에 NSW 노회가 세워졌다.
그 후 스코트랜드의 장로교회 분열로 인하여 호주장로교회도 분열을 하는데 이것으로 동부호주장로교회 (Presbyterian Church of Eastern Australia)가 형성된다. 1901 년 호주인구의 11.3%가 장로교인이었고, 당시 호주에서 네번째로 큰 교회였으나, 연합이 되기 바로 전 해인 1976 년에는 전체인구의 6.6%가 장로교인이라 대답하고 있다.
장로교회의 개 교회마다 예배형식이 다양했지만 엄숙한 예배와 설교의 중요성으로 강단이 항상 예배당의 중심에 있었고, 하나님의 주권이 강조되었다. 이것은 물론 칼빈주의의 영향으로 성경의 최종권위, 신조의 중요성, 그리고 하나님의 주권성인데, 모든 영광은 하나님께만 돌려야 한다는 중심고백이었다. 목사와 장로가 함께 교회지도자가 되어 목회와 행정을 이루어 갔다.

3. 호주회중교회의 생성과 발전

"Three Distinctive Characteristics of The Uniting Church in Australia" (Korean)

호주의 회중교회는 영국선교회 (London Missionary Society)가 보낸 선교사들에 의해 시작되었다. 영국선교회는 1795 년 회중교, 성공회, 장로교, 웨슬리안 등이 세운 선교단체인데 점차로 회중교가 주도하게 되었으며 나중에 세계선교협의회 (Council of World Mission)로 발전하여 오늘에 이르고 있다.
당시 영국선교회가 남태평양에 선교사를 파송하기 시작하였는데 1833 년 시드니의 핏 스트리트 (Pitt Street)에 Rev William Jarrett 를 목사로 처음 창립되었고 지금까지 잘 알려진 교회로 남아 있다. 그 후 호주의 각 시에 회중교회가 생기게 된다.
회중교회는 원래 16 세기 말 영국개혁운동 속에 일어 났는데 Robert Brown 이 영국국교인 성공회에 반대하여 개 교회의 독립성을 주장하게 되었고, 그래서 '분리주의자' '독립자' '청교도'란 별명을 얻게 된다. 그들은 교회가 정부의 영향력 아래 있으면 개혁이 불가능할 뿐 아니라 교회는 믿는자들의 친교가 되어야 하기에 영국구교에서 분리될 수 밖에 없다고 하였다. 이 후 회중교는 영국 왕실과 정부의 많은 핍박과 차별을 받게 된다.
호주에 정착한 회중교회도 교회당 건축이나 목회에 정부의 보도나 도움을 거절하고, 주된 목회를 사회의 교육받은 지도자들을 대상으로 하였다. 그 결과 회중교회는 멜본과 시드니에서 확장되었고, 특히 언론과 정치에 큰 영향을 끼치었다.
1900 년이 되기 전 남부호주 회중교인은 3.5%밖에 되지 않았지만 Legislative Council 의 40%가, 그리고 House of Assembly 의 12.5%가 회중교인이 된다. 1880 년대에는 NSW 주 언론사의 3 분의 2 가 회중교회의 영향려 아래 있었고 시드니모닝헤랄드 신문도 회중교인이 창간하였다. 그러나 20 세기에 들어 서면서 호주회중교회는 점차로 그 수가 작아지기 시작한다.

Prof. Myung Duk Yang

회중교회는 성경의 중요성과 회중교회정치의 실행을 강조하였으며, 특별한 신조들을 교회에 강요하기보다 또한 왕이나 주교나 신부가 아닌 개 교회에 모인 신자들을 교회생활 안의 실제적인 목적을 위한 권위로 인정하였다. 그들이 모이면 어떤 권위도 아닌 오직 그리스도의 권위에 순종해야 한다고 믿었고, 지역교회 교인과 목회자의 행정적 권위를 존중하였다. 평신도들의 참여가 강조되었고, 선출된 평신도 지도자들이 개 교회에 중요한 역할을 감당하였으며, 모든 교인들은 매달 교회회의에 참석하여야 되었다.

회중교인들이 연합할 1904 년에 전체인구의 2%정도가 회중교인이었으나, 호주연합교회로 통합할 때는 인구의 0.4%가 회중교인이라 답하고 있다.

4. 호주연합교회의 연합과정

호주연합교회의 연합과정은 1901 년부터시작하여 1977 년 하나로 연합될 때까지 77 년간의 대화와 결정의 과정을 거치는데 4 단계로 나누어 볼 수 있다.

1) 첫 번째 단계는 1900 년 호주가 영연방을 선포한 후, 1901 년 NSW 장로교회는 장로교회들의 연합뿐만 아니라 다른 교단과의 연합을 위한 소위원회를 구성하였다. 그들은 호주에서 많은 개신교회들이 하나님 나라를 위해 일하고 있고, 같은 복음을 선포하고 있는데도 신학이 다름으로 서로 나누어졌고, 그리고 지금은 신앙의 본질이 아닌 교회행정과 예배의식의 차이로 서로 다르다것을 인식하고, 호주라는 새 땅에서 그리스도의 사랑을 전하기 위해 교회간의 연합을 추동하고 있다. 1902 년에 감리교회들도 연합을 이루었고 장로교와 더불어 성공회, 회중교, 침례교,

"Three Distinctive Characteristics of The Uniting Church in Australia" (Korean)

그리스도교 등과 대화를 시작하였다. 그 후 감리교, 회중교, 장로교가 주요 대화 파트너가 되었지만 각 교단 자체에서 연합에 대한 회의적인 생각과 그에 따른 어려움이 계속된다.

2) 1914년 제1차 세계대전을 경험하면서 그리고 1916년 캐나다에서 연합교회가 탄생되면서, 호주에서도 다시 연합의 의지가 생겨난다. 그리고 1920년 각 교단에서 그 당시의 연합가능성을 가지고 투표하였는데 감리교 86%, 회중교 84%, 그리고 장로교회가 57%로 긍정적으로 반응하였다. 그 후 감리교와 회중교는 계속해서 연합의 의지를 가지고 일을 하였지만, 장로교는 그리스도인들은 하나가 되어야 한다고 말은 하면서도 실제로 연합하는 것에 대해 주저하였고, 다른 두 교단도 장로교없이 연합하는 것에 대해 부정적이었다.

3) 1,2차 세계대전을 겪으면서 동역선교를 위해 연합에 대한 필요성을 깊이 느끼고, 1942년 장로교회도 좀 더 적극적으로 참여하기 시작하였다. 1943년 세 교단이 공동으로 해야 할 기독교교육 등 여러가지 내용이 안건으로 되어 감리교와 회중교는 찬성하였지만, 장로교는 여전히 반대하는 그룹이 있었다. 그런 중에 1948년 세계교회협의회가 탄생하여 에큐메니칼 운동을 호주교회도 계속 접하고 있었다.

4) 1954년 연합을 위한 토론이 재개되는데 그 당시 '통합합의서'를 가지고 감리교회는 회중교회와의 연합을 승인하고 있었는데 장로교도 이 문서에 긍정적으로 투표하였다. 1957년 세 교단이 연합위원회를 임명하여 통합합의서를 보충하도록 하였고, 1959년 '교회의 신앙'이란 보고서를 내었는데 단순히 무엇을 믿느냐는 고백보다 호주에서의 삶에서 어떤 신앙과 실천을 하여야 하는가에 대한 내용이었다.

1963년의 두번째 보고서 '교회: 그 본질, 기능 그리고 직제'가 출판되었다. 1968년 '통합합의서'가 완성되어 1970년 출판되고 장로교의 요청에 따라 일부가 수정되기도 하였다.

1971년 각 교단마다 투표하였는데 감리교는 84.97%, 회중교는 82.93%가 승인하였는데 장로교는 계속되는 논쟁속에 투표한 것이 무효가 된다. 1973년 장로교는 재투표하여 결국 68.68%가 통합합의서를 승인하게 된다.

그리고 1974년 전국 각 교회에서의 최종투표에서 회중교는 97.6%, 감리교는 93.57%, 그리고 장로교는 63.96%가 연합에 동의하였다.

그리고 1977년 6월 22일 시드니의 타운홀에서 전국의 호주인들이 텔레비젼으로 지켜보는 가운데 역사적인 호주연합교회가 탄생되었다.

5. 세 교단의 신학적, 목회적 유산

호주연합교회의 '통합합의서'를 보면 과거의 어떤 신앙고백서와 교리의 전통을 이어 받았는지 언급되어 있고, 특히 감리교의 전통에 대한 다음과 같은 내용이 담겨져 있다.

호주연합교회는 신앙의 복종과 자유 안에서, 그리고 약속된 은사인 성령의 능력으로 스코트신앙고백 (1560), 하이델베그교리문답(1563), 웨스트민스터신앙고백 (1647)과 사보이선언 (1658)에 다양하게 표현된 종교개혁가들의 증거에서 성경의 가르침을 계속 배워 나간다. 또한 호주연합교회는 존 웨슬리의 44편 설교문 (1793)에 있는 설교에 주의를 기울인다. ('통합합의서', 10번째 문단 중)

"Three Distinctive Characteristics of The Uniting Church in Australia" (Korean)

죤 웨슬리는 '기독교의 근본신조'로 성경을 유일한 최고의 권위로 가르쳤는데, 특히 1763년 전에 출판된 44개의 설교문은 감리교회의 표준이 되었고, 그 주된 내용은 1) 누구나 구원이 필요하고, 2) 누구나 구원을 받을 수 있고, 3) 누구나 본인이 구원 받았음을 알 수 있고, 4) 누구나 구원의 충만함을 체험할 수 있다.

호주연합교회 안에서 감리교 유산은 다음과 같이 요약할 수 있다.
- 죄에서 그리스도 안의 새 생명으로 바뀌는 회심의 설교
- 하나님과 이웃을 향한 완전한 사랑 – 성결케 됨
- 하나님의 자녀가 되었다는 확증의 체험
- 하나님의 은혜로 신자가 된 자들의 교제
- 평신도 설교자들의 참여
- 도시선교와 보다 나은 사회를 위한 책임
- 거룩한 찬송의 목회

호주연합교회 안에서 장로교회의 유산은 다음과 같다.
- 하나님의 위대하심과 영광에 대한 깊은 경외
- 예수 그리스도 안에 계시된 하나님의 구속적인 사랑하심
- 설교의 중요성
- 그리스도의 왕적 통치와 교회의 주 되심
- 목회자와 평신도의 평등성과 교회의 민주성
- 평신도의 지도력

호주연합교회 안에서 회중교회의 유산을 보면 다음과 같다.
- 성령의 영감으로 인한 하나님의 진리에 대한 계속되는 계시
- 각 지역교회가 그리스도의 뜻을 알고 표현할 수 있는 특권

Prof. Myung Duk Yang

- 민주적인 교회제도
- 자유와 사회정의에 관한 관심
- 양심의 자유

(이 글은 주로 William Emilsen의 미출판자료 'The History of Three Predecessor Churches of the UCA'와 'Church Union Negotiations in Australia and the Formation of the Basis of Union'을 참고하였다. 그 외의 참고자료;
Dutney, Andrew. *Manifesto for Renewal: the shaping of a new church*, Melbourne: Joint Board of Christian Education, 1986.
Emilsen, WW & Emilsen S (eds) *Marking Twenty Years: The Uniting Church in Australia 1977-1997*, UTC Publications, 1997.
Udy, James. 'Claiming Wesley's Heritage for the Uniting Church', *Trinity Occasional Papers*, Vol.7, No.2, Dec 1988, 87-97.
Wood, AH. *Our Heritage in the Uniting Church*, Melbourne, Aldersgate, 1978, 1-5.)

"Woori Methodist Church in Dunedin, New Zealand" (Korean)

Chapter 6:
"더니던 우리 감리교회 (뉴질랜드)"
박기성 목사

먼저 귀한 자료를 남기는 작업에 함께 참여케 하신 하나님과 출판 관계자 여러분께 깊은 감사를 드립니다.

존 웨슬리의 '세계는 나의 교구' 라는 모토아래 지금까지 감리교인으로서, 감리교 목회자로서의 길을 걸어오면서 선교적인 마인드를 가지고 달려왔던 것 같습니다.

제가 태어나기도 전에 어머니의 서원으로 어렸을 때부터 선교사와 목사가 꿈이었던 저에게는 말씀과 기도 그리고 해외선교를 오래전부터 지향하고 있었던 모교인 인천숭의교회와 이호문감독님을 만나게 되었던 것은 저에게는 큰 행운이었고, 지금도 모교를 통해서 큰 은혜와 사랑을 받고 있습니다. 또한 2000 년도까지 120 명의 선교사 파송의 거대한 프로젝트를 오래전부터 진행해 오던 인천숭의교회에서 120 명의 선교사중에 한사람이 되었다는 것만으로도 큰 자부심과 선교사로서의 긍지를 갖게 됩니다.

한국감리교 협성신학교와 동대학원을 졸업한 저에게는 인천숭의교회가 처음 목회지요, 지금까지 그 인연으로 함께

하고 있습니다. 처음 전도사를 하게 되었을 때는 목회초년병으로 배우는 입장에서 이호문감독님의 가르침과 여러분들의 도움을 받아 약 5년을 교회학교 전도사로 사역을 했으며 그 후 사역부서를 옮겨 1년여동안 체육선교국 전도사 사역을 하게 되었을 때는 훗날 인천숭의교회에서의 사역들이 저에게는 전천후 선교사로의 길을 가지전에 큰 훈련이 되었던 것을 알 수 있었습니다.

  1997년 6월 29일 모교에서 120명의 선교사중에 한사람으로 '피지' 라는 조금한 섬나라로 선교사 파송을 받고 그해 7월 7일날 정든 가족과 교회를 뒤로 한 채 아내 윤미진과 아들 현우와 함께 낯선 이국땅을 밟게 되었습니다. 주위에 있는 분들을 세상에 마지막 남은 파라다이스에 간다고 부러워하기도 하고, 좋은 곳에 가니 무슨 걱정이 있겠냐고 위로도 하셨지만 막상 공항에 도착한 저희 가족에게는 한번도 느껴보지 못했던 습한 날씨과 무더위가 저희들을 고맙게 맞이하고 있었습니다.

  처음 피지를 선교지로 선택하게 된 동기는 아는 지인을 통해서 파송받기 2년전에 편지한통을 받게 되었습니다. 남섬과 북섬으로 이루어져 있는 피지에서, 그것도 환경이 더 열악한 북섬에 위치한 현지교회 목사님으로부터 함께 팀사역을 했으면 좋겠다라는 편지 한통이었습니다. 선교사가 꿈인 저에게는 이 편지를 받은 후부터 기도하기 시작했고 '가라' 는 하나님의 음성가운데 피지선교사로 마음에 결심을 하고 준비하기 시작했습니다. 그렇지만 하나님께서는 북섬으로 가야하는 저희 가족을 남섬의 위치한 '나시까와비전컬리지' 로 인도하셨고 학교사역과 인도인 사역을 하고 계시는 한국선교사님과 함께 팀사역을 시작하게 되었습니다.

"Woori Methodist Church in Dunedin, New Zealand" (Korean)

처음 선교지인 '나시까와비전컬리지'를 소개하기 앞서 '피지'라는 조그마한 섬나라에 대해서 말씀드리는 것이 우선인 것 같아 소개하고자 합니다.

피지 국가 소개

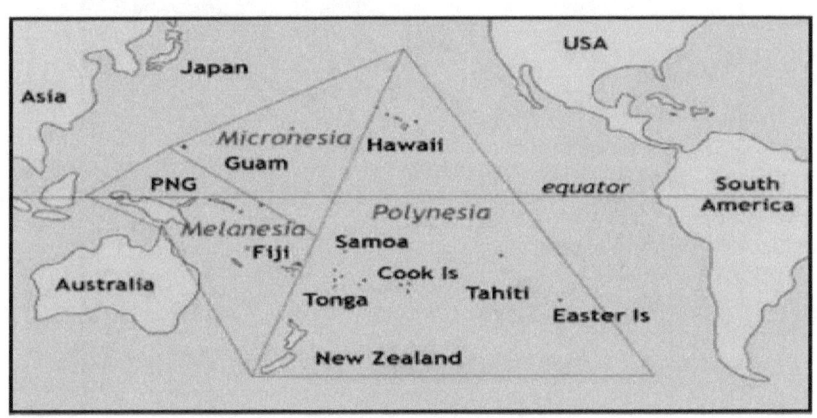

피지는 3백여 개의 섬으로 이루어진 남태평양의 전형적인 산호섬 국가로, 섬 모두를 합한 크기가 우리나라의 경상도 크기, 남한의 약 8분의 1 정도입니다. 남태평양의 십자로에 위치한 피지는 남반구 태평양의 교통의 요지이자 문화의 중심지입니다.

피지를 축으로 하여 수직선상에 있는 섬나라들을 가리켜서 '멜라네시아'라고 하며, '파푸아뉴기니', '솔로몬', '바누아투', '뉴갈레도니아'가 이에 속하고, 수평선상에 있는 섬나라들을 '폴리네시아'라고 하며, 통아, 사모아, 타이티, 쿡아일랜드 등이 이에 속합니다. 피지는 이 멜라네시아와 폴리네시아가 만나는 지점에 위치하여 이 서로 다른 두 문화와 인종이 융합되었습니다.

Rev. Ki Sung Park

피지인들은 곱슬머리에 검은 피부와 호전성은 멜라네시아인들을 닮았지만, 큰 덩치와 춤과 노래를 즐기는 낙천적인 성격은 폴리네시아인들을 닮았습니다.

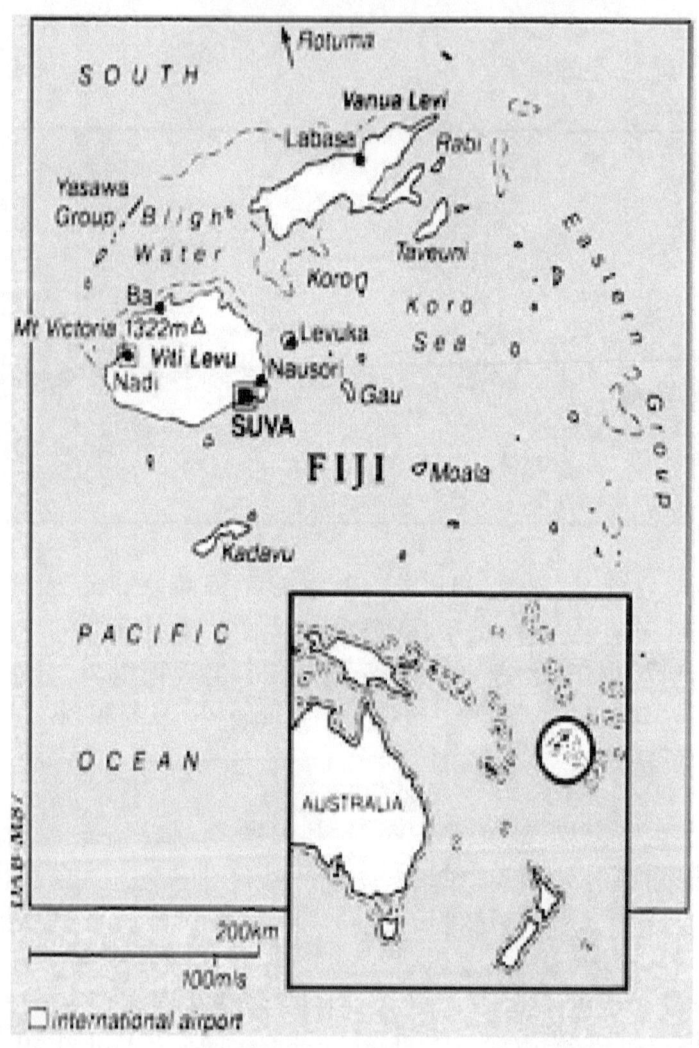

"Woori Methodist Church in Dunedin, New Zealand" (Korean)

기독교의 전래

식인문화와 주술 잡신 등의 우상숭배 가운데 있던 피지는 1835 년 영국 웨슬리 미션 소속의 윌리암 크로스, 데빗 카길 선교사에 의해 처음 복음이 전해졌습니다.

부족국가의 특성상 추장이 믿게 되면 부족 전체가 개종하는 '위로부터의 개종' 의 결과, 170 여년이 지난 지금 피지 원주민의 대부분이 자칭 기독교인이라는 믿기지 않는 통계를 보여주고 있습니다. 하지만 진정한 회심이 없이 열강의 식민지 선교를 통해 받아들여진 신앙은 능력이 없었고, 피지의 교회들도 초기 선교사들의 뜨거운 복음의 생명력을 잃어버리고 전통과 형식에만 의존하고 있을 뿐입니다. 세상을 변화시킬 능력이 없는 교회는 곧 타락하였고, 맛을 잃은 소금이 되어 버리고 말았습니다.

인도인들의 이주

한편 1879 년부터 영국의 식민지 농장에 노동자로 강제 징용되어 온 인도인들은 현재 피지 전체인구의 반인 50 만

명으로 성장하였습니다. 이들 중 76 %는 힌두교도들, 16 %는 모슬렘들로서 150 년이 지나도록 인도 본토에서 가져온 그들의 언어, 문화, 종교를 고수해 왔습니다. '종교적 자유' 를 기반으로 성장한 이들 종교들은 최근 유입된 신흥 이단 종파들과 함께 피지를 '세계종교의 전시장'으로 만들고 말았습니다. 특별히 전 세계적으로 모슬렘의 확산이 빠르게 진행되어지는 추세에 있고, 남태평양의 중심 국가인 피지가 남태평양의 회교 확산의 교두보의 역할을 하고 있어서, 이에 대한 대책 마련이 시급하였습니다. 여기에, 토착 피지인 들과 이주 인도인들의 갈등은 땅 문제와 맞물려 심각한 사회문제로 대두되었고 인도인들의 기독교에 대한 불신과 거부를 초래하였습니다.

한국 감리교의 피지선교 시작

남태평양 섬나라들에 대한 선교는 한국 감리교에게 있어서 미개척지와 같은 곳이었습니다. 하지만 감리교가 종교는 물론 정치적인 힘까지 가지고 있는 이곳 피지에서는 감리교를 통해서 회교도, 힌두교도들을 개종시키고 불신자들에게 복음을 전하는 것이 가장 효과적이라는 소식을 전해들은 몇몇 한국감리교 목사님들이 이곳 피지를 방문하였고 1994 년에 피지 수바 남태평양 선교 센타에서 선교사로 섬기고 있는 김주성선교사를 시발점으로 선교사역을 시작하게 되었습니다.
교회개척에 초점을 맞추었던 다른 교단 선교사들과는 달리, 감리교 선교는 학교 건립과 제자양육에 초점을 맞추었습니다. 학교 건립을 위해 부지를 알아보던 중 피지의 '비티레부' 섬 중심에 위치한 나볼라 마을의 '티모디' 추장은 자신의 땅 30 에이커(약 4 만 7 천평)을 흔쾌히 기증하였습니다. 전 국토의 83% 가 매매가 불가능한 원주민 땅(native land)인 피지에서 이렇게 큰 땅을 기증받는 것은 거의 불가능에 가까운

"Woori Methodist Church in Dunedin, New Zealand" (Korean)

일이었지만, 하나님께서 역사하심으로 200 여명에 달하는 이 지역의 '마땅갈리' (땅주인)들로부터 이 땅에 대한 '무상 양도' 의 허락을 받아내었습니다. 이어서 피지의 토지청 (Native Land Trust Board)로부터도 공식적으로 학교 목적 사용을 허가받기에 이르렀습니다. 학교 건축은 바로 시작되었고 1995 년 1 월 감리교 선교사가 파송된지 채 1 년도 되지 않아서 피지와 세계를 복음화 시킬 하나님의 일꾼을 양육하는 미션 스쿨이 설립되게 되었습니다. 이 땅을 기증한 부족의 이름이 '나시까와' 로 이를 기념하기 위해 학교 이름이 '나시까와 비전컬리지 (Nasikawa Vision College)로 붙여졌습니다.

피지인의 삶과 꿈을 바꾼 학교

학교는 설립되자마자 인근 각처에서 몰려든 원주민 젊은이들로 붐볐고, 1995 년에는 성경직업 훈련학교를, 1997 년에는 중고등학교 과정을 차례로 오픈 하면서 빠른 성장을 거듭하였습니다. 이곳 교육을 통해 복음을 들은 수많은 젊은이들이 변화되는 역사가 일어났고, 현재까지 1,000 여명의 일꾼들이 저희 학교를 통해서 배출되기에 이르렀습니다.

Rev. Ki Sung Park

  매년 한국에서 많은 의료선교, 단기선교팀들이 찾아왔고, 피지 국내의 젊은 기독교인들에게도 학교가 알려지면서 신앙과 학문이 온전하게 균형 잡힌 교육을 실시하는 학교로 많은 사람들에게 인정받게 되었습니다.

  이곳 감리교 선교는 처음부터 학교를 통한 선교를 지향하였던 바, 밖으로 나가는 선교뿐만 아니라 안으로 모아들이는 선교를 통하여 많은 결실들을 맺었습니다. 초반에 많은 투자를 요하는 선교 프로젝트였지만 감사하게도 IMF 경제 위기가 터지기 직전까지 주요 기반시설을 모두 건립하여 큰 영향을 받지 않고 한국의 재정위기에도 잘 견딜 수 있었습니다. 1995 년 개교 이래 매년 쉬지 않고 학교가 확장되어 현재는 25 명의 스탭들과 150 명의 학생들, 또한 4 만 7 천 평의 교정 내에 22 개의 건물이 들어선 규모 있는 학교로 발돋움하게 되었습니다.

  그동안 나시까와 비전컬리지가 위치한 나시까와 지역의 산호 해안 마을들과 이곳 원주민들에게는 정말 많은 변화가 있었습니다. 피지인 마을에서는 성령운동이 일어났고, 힌두교와 회교를 믿던 인도인 마을에선 찬양이 울려 퍼졌으며, 타 학교의 낙제생들과 늦게 배움을 시작한 시골 학생들로 시작했던 '나시까와 비전컬리지'가 5 년 동안 두 번씩이나 국가고시 전원 합격의 영광을 누렸으며, 신앙에 실력까지 갖춘 일꾼들이 매년 새롭게 배출 되는 역사가 일어났습니다.

  피지 촌구석에 한국의 '8 학군' 과 같은 교육촌이 형성되고 있는 것입니다. 마치 한국 선교 초창기에 젊은이들을 키우기 위해 비전을 가지고 세워졌던 배재, 이화학당이 지금의 명문학교로 성장한 것 같이 기도와 후원으로 힘을 모아 세운

"Woori Methodist Church in Dunedin, New Zealand" (Korean)

'나시까와 비전컬리지'가 21세기 피지의 미래를 짊어질 기독교 인재들을 발굴, 양육하는 요람으로 발전한 것입니다.

교회같은 학교, 학교같은 교회 (Church-like School, School-like Church)

이 짤막한 문구 속에 비전컬리지 의 사역방향과 철학이 잘 함축 되어 있습니다. '교회' 같이 예 배와 찬양이 있고 섬김과 교제가 있는 학교 또 '학교' 같이 교육 과 체계가 있고 양육과 성장이 있는 교회를 만드는 것입니다.

학생들은 예배드리러 학교에 나 옵니다. 아침엔 찬양, 기도, 말씀으로 하루 일과를 시작합니다. 정규 과목에 포함된 성경시간, 구별되어 드리는 학교 채플 예배 시간, 찬양으로

Rev. Ki Sung Park

배우는 음악시간 등은 학생들로 하여금 학교를 교회와 동일시하게 만듭니다. 현지 교회에서는 배우지 못했던 체계적인 성경공부와 영성훈련은 학생들로 하여금 준비된 일꾼으로 성장하게 합니다. '주중엔 학교에 가고, 주말엔 교회에 간다' 라는 통상관념을 파괴하고 학교와 교회 사이의 벽을 허물어 학교가 교회가 되고 교회가 학교가 되는 시스템을 갖추는 것입니다.

'교회같은 학교, 학교같은 교회' 란 간단히 말하면 영성과 지성이 조화된 교육을 하는 것입니다. 예수님께서도 제자들을 양육하여 세상에 보내면서 '비둘기처럼 순결하고, 뱀처럼 지혜로우라고' 말씀하셨습니다. 비전컬리지에서 4년간 고등학교 교육을 받고 나면 '맑고 순수한 영성' 에 '날카로운 지성' 을 겸비한 하나님의 일꾼들로 배출되도록 하는 것이 바로 저희 나시까와 비전컬리지의 교육 목표입니다.

지금은 인근 인도인 마을에 '네임발레 인도인 교회' 를 봉헌케 하셨고 이 교회를 통하여 주변 인도인들에게 복음을 전하는 귀한 방주의 역할을 감당케 하셨고, 현지 사역자와 함께 좋은

"Woori Methodist Church in Dunedin, New Zealand" (Korean)

팀웍을 통해서 약 100 여명이 넘는 인도인들이 매 주일마다 하나님께 예배를 드리고 있습니다.

저희 가족은 이곳 '나시까와비전컬리지' 에서 약 10 년정도 선교사 사역을 하면서 함께 하는 팀사역과 공동체생활등을 경험하게 되었고, 또한 수많은 일들을 통해서 살아계신 하나님을 경험케 하셨습니다. 그리고 어떠한 어려움에서도 기도하는 자를 하나님께서는 내버려두지 않으시고 그 기도에 꼭 응답하신다는 사실도 깨닫게 하셨습니다.

저희는 2008 년 2 월 29 일 10 년동안 땀과 눈물과 현지인들과의 사랑, 우정을 뒤로 한 채 제 2 의 사역지인 뉴질랜드 더니든으로 갑작스럽게 사역지를 바꾸게 되었습니다. 이렇게 가는 것이 하나님의 계획인가 하는 생각에 기도하고 기도하는 가운데 하나님의 뜻이 있음을 깨닫고 비행기에 몸을 실었습니다.

처음 한국에서 피지로 떠날 때의 느낌과 피지에서 뉴질랜드로 떠나는 느낌은 달랐습니다. 오히려 한국에서 떠날 때보다 피지에서 떠날 때가 더 슬프고, 마음이 아팠습니다. 아직도 전도할 영혼들이 많이 있는데, 더 많은 사랑을 퍼주고 오지 못한 아쉬움이 많이 남아 있었음을 알게 되었습니다.

지금부터는 저희 가족의 제 임지인 뉴질랜드 더니든에 대해서 말씀드리고자 합니다. 먼저 뉴질랜드가 어떤 나라이며, 더니든이 어떤 곳인가 소개를 하고자 합니다.

뉴질랜드 (New Zealand) 에 대하여

Rev. Ki Sung Park

남서 태평양에 위치한 뉴질랜드는 국토의 면적이 약 270,000 ㎢로 남한의 약 2.7 배에 달하며, 남북한을 총 합친 면적보다 약 6 만㎢가 더 넓습니다. 면적상 일본, 영국과 비슷한 규모입니다. 한국과의 거리는 약 9,600km 가량 떨어져 있습니다.

뉴질랜드의 국토는 크게 북섬과 남섬으로 구분됩니다. 북섬과 남섬은 가장 작은 폭이 약 20 km 인 Cook 해협으로 떨어져 있으며, 북쪽의 Northland 반도를 제외하고 전체적으로 북동에서 남서방향으로 자리 잡고 있습니다. 위도로는 남위 33 도에서 53 도에, 동경 162 도에서 서경 173 도에 위치하고 있습니다.

"Woori Methodist Church in Dunedin, New Zealand" (Korean)

뉴질랜드는 주변이 바다로 둘러싸인 특성으로 전형적인 '해양성기후' 를 나타냅니다. 이에 따라 한서의 차가 심하지 않다. 연평균 기온은 섭씨 12 도 정도로 기후는 온화하고 쾌적하며 뚜렷한 계절적 대조는 찾아 볼 수 없습니다. 오클랜드를 기준으로 여름철 최고 기온은 약 25 ℃, 최저 기온은 5℃정도이다.

지구의 남반구에 위치하고 있기 때문에 한국과는 반대의 계절을 보입니다. 즉, 1-2 월이 여름에 해당하며 아열대성 기후를 보이고 있고, 그리고 7-8 월은 겨울로써 가장 춥고 우기에 해당합니다. 서풍이 부는 바람의 특성과 북동에서 남서의 방향으로 위치한 산맥의 영향으로 인하여 동서의 강우량이 매우 큰 차이를 보이고 있습니다.

뉴질랜드통계청은 작년 12 월 31 일 현재 뉴질랜드 거주인구는 4,038,900 명이라고 밝혔습니다. 또 1993 년 평균연령이 32 세였던 점에 반해 2003 년말 현재 인구 절반이

Rev. Ki Sung Park

35 세 이상인 것으로 나타나 인구수는 증가했지만 인구의 고령화현상이 심화되고 있는 것으로 나타나고 있습니다.

전체인구 4 백만을 나이 집단으로 구분해 보면, 뉴질랜드 인구는 0~16 세 사이 1 백만, 17~34 세 1 백만, 35~51 세 1 백만, 52 세 이상 1 백만으로 분류 가능하며, 인구증가 수를 연도별로 살펴보면 2002 년에 63,700 명, 2003 년 63,000 으로, 인구증가율은 2 년 모두 1.6%로 나와 있습니다. 1991 년부터 2001 년까지 인구 평균증가율이 1.2%(연간 43,400 명)이었던 것에 비하면 2 년 연속 인구가 크게 늘어난 편입니다.

뉴질랜드에는 2 개의 공식 언어가 있습니다. 영어와 마오리어. 대부분의 사람들이 그들의 모국어로 영어를 사용하며, 뉴질랜드 영어의 액센트는 알아듣기에 그리 어렵지 않습니다. 미국과 영국의 대부분 액센트보다 이해하기가 쉽습니다. 뉴질랜드 영어는 호주 영어와 비슷하지만, 정통 영국 영어에 보다 가깝다고 볼 수 있습니다. 그 비율은 거의 99%와 1%에 가깝고, 마오리어는 쓰지 않는것이 아니라 오히려 특별한 날, 기념일, 행사, 민속촌 등지에서 많이 쓰이는 편입니다.

뉴질랜드의 종교로는 기독교(성공회 25.7%, 장로교 16.5%, 카톨릭 14.4%) 그외 기타, 무교를 가지고 있습니다.

역사는 약 1,000 년 전까지만 해도 뉴질랜드에는 아무도 살지 않았고, 유일하게 큰 동물은 새들이었습니다. 그 이후로 태평양 동쪽에서 첫번째 이주민인 폴리네시안들이 들어왔으며, 그들은 두개의 큰 무리를 지어서 이주해 왔는데, 두 번째 그룹이 뉴질랜드 전역에 그들의 문화를 퍼트린 마오리들이었습니다. 그들은 이곳을 "길고 흰 구름의 나라"라는 뜻인 "아오테아로아"라고 불렀습니다.

"Woori Methodist Church in Dunedin, New Zealand" (Korean)

호주보다 늦은 약 1800 년경에 첫번째 유럽인이 이곳에 정착했으며, 이들의 대부분이 영국에서 왔으며, 1840 년에 영연방의 한 국가가 되었습니다. 대부분 영국인으로 이루어진 수천명의 새로운 이주민들이 1840 년에 들어왔으며, 오래지 않아 마오리 인구보다 많아졌습니다. 19 세기에는 새 이주민들과 마오리들 사이에 많은 전쟁이 있었으나, 약 1900 년 이후로 관계가 많이 좋아졌고, 최근 들어 다른 지역의 (특히 남태평양, 한국, 홍콩, 대만 등의 아시아)사람들이 뉴질랜드로 이주해오고 있습니다.

뉴질랜드는 점점 영국으로부터 독립해가고 있으며, 비록 퀸 엘리자베스가 여전히 뉴질랜드의 여왕이지만 지금은 독립국가입니다. 요즘 들어 영국과의 관계가 많이 느슨해진 반면, 태평양과 아시아 국가들과는 점점 발전하는 추세입니다.

뉴질랜드의 문화는 원칙적으로는 세계 각지로부터의 이민을 받아들이고 있지만, 아직도 주류인 영국인의 색채가 짙게 남아 있습니다. 일상의 규범조차 영국 것을 그대로 답습하고 있어 마치 영국의 일부가 남태평양에 뚝 떨어진 느낌이며, 약간의 사투리가 섞여 있긴 하지만, 언어도 영국 쪽의 정통 영어가 통용되고 있습니다.

특이한 것은 마오리 족의 영향이 강하게 남아 있어서 지명 따위는 마오리계 쪽의 것이 더 많이 쓰이고 있으며, 현재 마오리 문화는 뉴질랜드 고유의 문화로 인정되어 보존하고 있습니다.

뉴질랜드의 교육

1. 초등학교(Primary School)

대부분의 어린이들이 만 5 세가 되는 생일에 맞추어 입학합니다. 학부모들은 그전에 해당자녀를 학교에 데리고 가 입학을 위한 수속을 마칩니다.

특별한 교과서 없이 진행되는 학교 교육은 읽기와 쓰기를 중점적으로 지도하며 자유로이 놀면서 공부 할 수 있는 분위기를 만들어 줍니다. 선생님이 책을 읽어주고 그 내용에 대한 느낌을 말해 보도록 하기도 하며 각종 스포츠를 많이 하고 특히 여름에는 수영복을 가방에 항상 넣고 다녀야 할 정도로 수영은 필수적입니다.

대부분의 학교는 유학생 및 영어 보충이 필요한 학생들을 위해 별도로 영어능력 향상을 위한 ESOL 수업을 매일 또는 격일제로 30 분-1 시간씩 ESOL 선생님으로부터 지도 받으며 또한 학교의 준비물도 학교 자체에서 준비하기 때문에 각 가정에서 따로 준비할 필요가 없습니다. 뉴질랜드의 초등학교는 주니어 1-2 학년과 Standard 1-4 과정이 있으며, 영어, 미술, 건강, 산수, 음악, 체육, 과학 및 사회 등 교과 과목을 공부합니다.

2. 중학교(Intermediate School)

2 년 교과과정으로써 Standard 4 를 이수한 만 11-12 세의 어린이들을 대상으로 영어, 산수, 사회, 과학, 체육, 예술 등을 가르칩니다. 초등학교와 마찬가지로 대부분의 학교에서도 유학생 및 영어 보충이 필요한 학생들을 위해 별도로 영어능력 향상을 위한 ESOL 수업을 매일 또는 격일제로 30 분-1 시간씩 받는 ESOL 프로그램을 운영하고 있습니다. 또한 학교의

준비물도 초등학교와 마찬가지로 학교 자체에서 준비하기 때문에 각 가정에서 따로 준비할 필요가 없습니다.

3. 고등학교(Secondary School)

Form 3-7 은 한국의 중 고등학교에 해당하며 학생들은 핵심과목인 영어, 수학, 사회, 과학과 적어도 1 개 이상의 외국어를 선택하여 공부 할 수 있으며 경제, 역사, 가정, 음악, 미술, 공예, 체육 등을 공부합니다. Form 3 학생들은 영어. 수학 ,사회 ,과학 및 1 개 이상의 외국어를 선택과목으로 공부하며 음악, 미술, 체육도 교과목에 포함되어있습니다.

Form 4 과정에서는 과목의 선택 폭이 Form 3 보다는 넓어지나 다수의 학생들은 위의 핵심과목을 계속 공부하며 Form 5 는 'School Certificate'를 치르며 결과는 통상적으로 1월에 통보됩니다. 그러나 2002년부터는 새로운 교육제도인 NCEA(National Certificate of Educational Achievement)로 대체 시행되고 있습니다.

Form 6 의 학생들은 장래의 전공할 계열을 결정해야하며 이때 선택과목은 충분히 검토 후 결정해야 하며, 학내 평가 절차에 따라 'Sixth Form Certificate'를 치루며 전문대학으로 진학하거나 종합대학 진학 학생들은 Form 7 과정으로 올라갑니다.
Form 7 의 학생들은 대학 진학을 목표로 하며 대학에 입학하기 위해서는 Form 7 과정의 말에 치르는 국가시험(Bursary)에서 합격점수를 받아야 합니다.

더니든 (Dunedin) 에 대하여

더니든은 오클랜드, 크라이스트쳐치, 웰링톤 다음의 대도시, 그러나 교민이 집중해 있는 오클랜드와는 꽤 떨어져 있어 소식을 접하기 어려운 곳 중의 하나입니다. 더니든은 뉴질랜드가 자랑하는 도시 중 하나로, 남섬에 위치에 있으며 뉴질랜드에 있어서 희귀새 등 생태학적으로도 중요한 도시이기도 합니다.

오클랜드에서 비행기로 약 2시간 반 거리에 위치한 더니든은, 또한 뉴질랜드에서 유일하게 치대, 약대가 있는 오타고 (Otago) 대학이 자리 잡고 있어서, 치과의사와 약사를 꿈꾸는 학생들이라면 이곳으로 오지 않을 수가 없습니다.

"Woori Methodist Church in Dunedin, New Zealand" (Korean)

매년 2월말에는 뉴질랜드 각 지역에서 오타고(Otago) 대학에 입학하러 오는 많은 유학생들이 있습니다. 현재 약 150여명의 한국교민 자녀들이 이곳에 재학 중에 있으며, 한국 교민은 약 300여명이 있지만 적은 교민 수에 비해 그래도 교민간의 우정을 돈독히 하기 위한 한인회가 1991년에 조직이 되었고, 교민의 절반 정도가 회원으로서 각종 행사에 호응을 하고 있습니다.

더니든에는 현재 3곳의 한인교회가 있습니다. 1996년에 창립한 더니든순복음교회와 2000년에 창립한 장로교 계통의 늘푸른교회장로교회 그리고 2004년에 개척한 감리교의 우리감리교회가 있습니다.

Rev. Ki Sung Park

① 더니든순복음교회

이 더니든순복음교회는 창립한지 12 년이 되는 더니든의 장자교회로서 현재 6 대째 목사님이 시무하는 교회이며, 성도는 약 30 여분이 모여서 예배를 드리고 있습니다.

처음에는 더니든에 있는 거의 대부분의 한인들이 순복음교회를 다녔지만 담임목사님이 자주 바뀌는 상황에서 교인들이 힘들어 하며 교회를 떠나기 시작하여 지금은 대부분이 유학생과 몇 명의 교민이 신앙생활을 하고 있습니다.

"Woori Methodist Church in Dunedin, New Zealand" (Korean)

② 늘푸른장로교회

　창립한지 8년이 되는 늘푸른장로교회는 교인 대부분이 교민들과 유학생들로 이루어져 있으며, 순복음교회에서 나온 교인들이 수평이동한 교회라 볼 수 있습니다. 성도는 약 100 여분이 현재 신앙생활을 하고 있으며 순복음교회보다 성도가 많은 관계로 더니든에서 가장 영향력을 행사하는 교회라 볼 수 있습니다.

Rev. Ki Sung Park

③ 우리감리교회

시내 중심가에 녹스장로교회(현지교회)의 커뮤니티홀을 빌려서 예배를 드리고 있는 우리감리교회는 창립한지 만 4년째가 되어가고 있는데 여느 한인교회보다는 색다른 교회사역에 주력하고 있습니다.

더니든은 의대나 치대 그리고 약대에 입학하고자 하는 학생들의 대부분이 현지 대학생들이기 보다는 아시아계통에서 온 학생들이 주류를 이루고 있는 상황에서 이

"Woori Methodist Church in Dunedin, New Zealand" (Korean)

우리교회는 '다민족교회(All Nation Church)' 의 모습으로 예배를 드리고 있습니다.

교인 대부분이 유학생이며 유학생중에서도 중국학생, 말레이시아학생, 일본학생등 여러 다양한 민족의 학생들이 모여 예배를 드리고 있습니다.

더니든순복음교회나 늘푸른장로교회는 전형적인 한인교회의 모습을 가지고 있지만 우리감리교회는 예배시간에 '다민족교회' 답게 한영으로 예배를 드리며 때론 동시통역으로도 예배를 드리고 있습니다.

특별히 '다민족교회' 라는 색깔에 맞게 현지키위사람들을 찾아가는 행사를 가지고 있습니다. 일년에 3 번에 걸친 Rest Home(양로원) 방문을 통해 지역사회에 조금이나마 힘이 되고자하고 있고, 현지키위교회와의 연합예배를 통해 한국에 문화에 대해서 소개하고 있습니다.

Rev. Ki Sung Park

뉴질랜드는 아름다운 자연환경과 훌륭한 교육환경, 그리고 다른 영어권 나라에 비해 생활비와 학비가 저렴하다는 이유로 많은 학생들이 유학을 오고 있습니다. 그러나 실제적으로 사용되는 비용은 과히 만만치 않습니다. 그러기에 더더욱 성공적인 유학생활을 보내야 되는데 대중매체에서도 방영되었듯이 유학은 성공보다는 실패 확률이 더 많다는 보고를 듣습니다.

고국의 편안한 언어와 환경을 떠나서 새로운 문화 충격과 언어 충격을 맞으며 10 대를 보내고 20 대를 보내게 됩니다. 더욱이 자신을 돌봐줄 부모와 떨어져 지내는 것은 외로움과 더불어 탈선할 수 있는 기회가 되기도 합니다.

또한 한참 뛰놀아야 할 원기왕성한 시기에 다양한 놀이 문화마저도 발달되지 않고 자연환경을 누리기에는 조금은 벅찬 현실이 이곳 뉴질랜드의 삶이기도 합니다.

가장 중요한 시기에, 가장 비싼 대가를 치렀음에도 불구하고 유학생활이 실패한다면 이는 가정적 손실이요, 국가적 손실은 물론 세계와 미래에 대한 커다란 손실이기도합니다.

그러나 성공적인 유학생활을 한다면 그와는 반대로 커다란 유익을 이 세대에 끼치게 될 것입니다. 어쩌면 이곳은 선택받은 사람들이 모이는 곳이요 장래 엘리트가 생성되는 나라이기도 합니다.

선택받은 아이들이 성공적인 유학생활을 한다면 이것은 하나님 나라의 커다란 일꾼들이 양성되는 축복이며 선교적으로 쓰임 받을 수 있는, 예비 선교사를 얻는 기회가 되기에 이 일을 위해서 뉴질랜드 유학생을 위한 선교는 필수적입니다.

"Woori Methodist Church in Dunedin, New Zealand" (Korean)

이를 위해 우리감리교회는 두가지의 비전을 가지고 나가고 있습니다. 그 첫째는 한국과 뉴질랜드(오클랜드, 크라이스트쳐치) 그리고 더니든을 잇는 삼각구조를 가지고 있는 목회비전입니다.

더니든 지역은 뉴질랜드 지역뿐만 아니라 의대나 치대 그리고 약대를 가고자 많은 학생들이 한국에서도 유학을 오는 상황입니다. 이 학생들을 잘 흡수하여 성숙된 신앙인의 모습으로 이들이 바뀐다면 공부를 마치고 한국으로 돌아가거나 다시 오클랜드나 크라이스트쳐치로 갈 경우에도 삼각구조의 모습으로 나아간다면 이 학생들을 계속해서 지도할 수 있는 큰 효과가 있을 것입니다.

또 하나의 방향은 지역내에서의 삼각구조입니다. 다시 말씀드려, 더니든 우리교회를 비롯해서 한인교회(순복음교회, 늘푸른교회)와 지역교회(중국인교회, 일본인교회, 키위현지교회)를 잇는 삼각구조의 목회비전입니다.

더니든에서 무엇보다 중요한 것은 교회들과의 협력과 화합이라는 생각에 함께 어울려져 나가는 목회입니다. 특히 더니든 우리교회는 '다민족 교회' 의 모습과 성격을 가지고 나아가기를 원하며 현재도 일본교회와 중국교회와 함께 연합활동을 잘 가지고 있으며 또한 키위현지교회와도 긴밀한 협조아래 연합활동을 가지고 있습니다.

이러한 상황속에서 더니든 우리감리교회가 이러한 두 가지 삼각구조의 방향으로 목회를 시작한다면 지역 내에서뿐만 아니라 더 나아가 뉴질랜드 전체와 온 세계에 예수님의 참된 제자들을 파송할 수 있을 것이라 생각합니다.

또한 **1. 상담사역** - 유학생활에서 겪는 외로움과 어려움, 진로문제, 친구문제, 이성문제 등의 갈등을 상담을 통해서 그들에게 바른 길과 해결책을 제시하며 더 나아가서는 비전들을 갖도록 도움을 주며, **2. 정착사역** - 유학생들이 이곳 뉴질랜드에 처음 오면 어디서부터 시작을 해야 하며 무엇을 해야 할지 모르기에 그들의 바른 정착을 도와 자연스럽게 유학생활을 적응하도록 도움을 줍니다. **3. 정보사역** - 정보가 돈이며 시간입니다. 여러 가지 다양한 정보를 최대한 검증하여 제공함으로 정보를 몰라서 손해보고 실수하지 않도록 돕고 있으며, **4. 레저사역** - 공부를 위해서 왔지만 공부만 할 수는 없습니다. 다양한 레저활동을 계획, 구상해서 자연과의 만남과 사람과의 만남을 통해서 생동감 있는 유학생활에 도움을 주고 있고, **5. 쉼터사역** - 갈 곳이 많은 것 같지만 실제적으로 학생들이 갈 곳이 없습니다. 쉼터를 통해서 공부에 지칠 때 잠간의 휴식과 아름다운 대화의 장, 정보의 장을 열수 있는 공간을 제공하여 돕고자 합니다. 마지막으로 **6. 말씀사역** - 자연스럽게 그리고 조심스럽게 때로는 담대하게 하나님의 말씀을 전하여 구원얻을 영혼을 찾고 세상속에서 영향력 있는 그리스도인이 되도록 돕는 사역에 힘을 다하고 있습니다.

뉴질랜드에는 현재 10분의 한국감리교 목사님들이 한인교회와 선교사역을 하고 계시며, 대부분의 목사님들께서 한인목회뿐만 아니라 남태평양 인근에 있는 섬나라에 선교비전을 가지고 계셔서 이 역시 함께 하는 팀 선교정책을 통해서 함께 하고 있습니다.

한국에 있을 때 한 교회의 전도사에서 다시 한 나라의 선교사로 그리고 이젠 한 교회의 담임목사로 있는 저에게는 이곳 더니든의 우리교회가 특별하게 다가오며, 감사하게 생각합니다.

"Woori Methodist Church in Dunedin, New Zealand" (Korean)

담임목회자의 초년병으로서 지난 10 년이란 선교사의 마인드가 저에게는 교회와 교회간의 벽을 허물 수 있는, 교파를 초월해서 사역할 수 있는 원동력이 되었으며, 이로 인해서 생길 수 있는 여러 가지 문제들이 문제로 보이지 않고 새로운 사역의 모습으로 바뀌어가는 것을 볼 수 있습니다.

피지선교사로 있을 당시에도 간간이 한인목회하시는 분들의 초청으로 주일예배나 수요예배 그리고 수련회 등에서 설교할 수 있는 기회들이 생겨 가보면 가끔 듣는 이야기가 '어느 교회에서 누가 왔더라' 또는 '어느 집사님이 권사님이 어느 교회로 갔더라' 등의 이야기였습니다. 한인목회하시는 분들에게 한분, 한분이 굉장히 중요할 수 있고 더군다가 교회의 중직을 맡고 있는 일꾼이라면 더 마음이 아프셨을 것입니다. 그러나 이제는 제가 그런 상황이 될 수 있는 입장이 되었습니다.

처음 이곳 '우리교회' 에 부임하고 첫 번째 주일을 보내고 그 다음주에 2 명의 자매들이 다른 한인교회로 교회를 옮겼습니다. 이유를 들어보니 그곳에는 학교선배들이 많아 도움을 많이 받을 수 있을 거라는.....

만약 그런 상황에서 저에게 선교사적인 마인드가 없었더라면, 우리는 주님안에서 한 형제요, 자매라는 생각이 없었더라면 굉장히 힘든 시간이었을 것이지만 오히려 그들을 불러 새로운 교회에서 가서 신앙생활 열심히 하라고 다독여주며, 격려해 주었던 기억들이 있습니다.

주변에서는 교인을 뺏겼다. 어쩜 그럴 수 있냐.. 등등의 말들이 있었지만 주님의 부르심을 받아 주님의 사역을 하는 저에게는 모두가 제 교인이요, 사랑하는 형제, 자매인 것을 고백합니다.

Rev. Ki Sung Park

　　감리교회의 한 목회자로서 다시 한 번 존 웨슬리의 '세계는 나의 교구' 라는 모토아래 지금 있는 목양지에서 최선을 다하며 나아갈 것을 다시 한 번 생각해 봅니다.

Chapter 7:
"The Methodist Church and Social Change in Australia"
Rev. Sang Taek Lee

Since the first Methodist missionary, Samuel Leigh came to Australia in 1815 the Methodist Church was an influence on the early Australian society. The Church set moral and spiritual standards for the early colony. As the years passed the Church was reformed with the changing of Australian society. In 1976 three Churches, Congregational Church, Presbyterian Church and Methodist Church united and became "the Uniting Church in Australia." This meant that the Methodist Church sought to share Jesus mission in the Australian way without the English influence. We will look at the Methodist Church and its links with the Australian society.

Contents:

1. Aborigines and the Methodist Mission in Yirrakala Community.
2. An History of Australia and Methodism in Australia.
3. Social movement in Australia and the Methodist Church.
4. A New Church: The Uniting Church is born and multiculturalism.

5. Culture and its relationship to the Church.

1. Aborigines and the Methodist Mission in Yirrakala Community.

The Assembly of the Uniting Church organised a national conference in the Darwin University in July, 2008. The conference focused on the Australian indigenous theology. In the conference Aboriginal leaders brought their stories and experiences and spiritual understanding relating to Biblical stories. In the conference we learnt to understand the indigenous theology and approach their life, in their way rather, than meeting policy and agenda. After the conference we had a two hour flight to visit an aboriginal town called Yirrkala not far from Nhulunbuy town (70 Kilometres, see a map).

While we were there the Yirrkala Aboriginal community was so excited having the prime minister Mr. Kevin Rudd visiting them. He has talked to indigenous people about being recognised in the constitution and promising the Federal Government will be more focused on the practical progress of aboriginal lives.

Yirrkala village has 800 Aboriginal people living there. There are 13 different tribes of people in Yirrkala. They have 13 different languages. Yirrkala is a meaningful place because the first Methodist Mission Station for Aborigines was established there by the Methodist Church in 1935. In 1934 The Rev. Wilbur Chaseling sailed along the coastline of the region looking for a suitable location to establish a Methodist Mission Station. He chose Yirrkala as it had a good water source and establish mission station at Yirrakala. He created ethnographic museums to collect aboriginal arts

"The Methodist Church and Social Change in Australia"

and crafts and educated them and opened the church.[1] The establishment of the mission changed the traditional life styles of the indigenous people although traditional beliefs, rituals and practices were still retained. The community leaders became Christians.

---

[1] Read, Max Charlesworth and Howard Morphy, edited *Aboriginal Religions in Australia* Ashgate Publishing ,2005 and Howard Morphy, "Mutual conversation ?" : the Methodist Church and the Yolngu, with particular reference to Yirrkala, chapter 6, in *Humanities Research* Vol. xii No. 1, Bigotry and Religion in Australia, 1865-1950 edited by Margaret Forster, published Australian National University, 2005.

Rev. Sang Taek Lee

Maps of East Arhnem Land in Northern Territory and Yirrkala.

In May 2008 the first New Testament Bible translation into an Australian indigenous language has been published. It has taken twenty-seven years. When we visited the community of Yirrkala the indigenous people invited us one evening to a prayer meeting. We listened to their family and mission stories. They shared us with us the story of mission. An elder said, "Before the missionary came we had no idea about planting seeds because we have never planted or raised any type of crops. Christ is truly Aboriginal. When Aboriginal people become Christians we believe the power of the Holy Spirit takes us back to our Aboriginal culture and beliefs, and back to the life-giving power of the Creator Spirit."

The Methodist Mission in the Aboriginal Community of Yirrkala in 1935

The area of this village is huge with bush and is an important Bauxite Mining site. During the 1950s and 70s, the federal government authorized the bauxite mining and the destruction of sacred sites on their land. During World War Second the Australian Aluminium production commission began encouraging exploration for Bauxite, the raw material for Alminium production.

"The Methodist Church and Social Change in Australia"

Because of this intervention Land rights ownership matters arose. The intervention of the bauxite mine and the town of Nhulunbuy, with its pub and 4000 white workers, has changed the community of Yirrkala forever. On 19th February 1963 Rev. Edgar Wells who was superintendent of Yirrakala in the Methodist mission station provoked a major national protest in the course of which "the land rights" emerged and became important in the struggle for the rights of Aborigines in Australia.[2]

This campaign for land rights was led by Methodist missionaries and with the Aboriginal leaders in 1963 in the form of a park petition to the Commonwealth Parliament. They with the people of Yirrkala took action in the supreme court of the Northen Territory, where they claimed the system of landownership.

They said in their petition "We are worried that without the land, future generations could not maintain our culture. We gave permission for one mining company but we did not give away the land. The place does not belong to white man. They only want it for the money they can make. They will destroy plants, animal life and the culture of the people. This land is our mother" [3]

Nabolco Company and the Church Missionary Society at Northern Territory signed an agreement which provides lump sum payments and royalties for use of land by Nabolco.

---

[2] *Aboriginal Religions in Australia* P. 280.
[3] Bark petition: The Yirrkala bark petitions 1963 are historic Australian documents that were the first traditional documents prepared by Indigenous Australians that were recognised by the Australian Parliament and are thus the first documentary recognition of Indigenous people in Australian law. In 1963 in the petition asserted that the Yolngu people (Aborigines) owned that land and protested the Commonwealth's granting of mining rights to Nabolco of land excised from arnhem Land reserve. The result was a parliamentary inquiry which recommended that compensation was owed to the Yolngu. Thus, the petition was the first recognition of native title.

Rev. Sang Taek Lee

There has been 30 years of pressure. A division existed between the members of aborigines willing to accept mining royalties and those who do not want it ever. Alcoholism, chronic smoking, Kava, petrol sniffing, violence within families, untraditional marriages, and harmful sexual behaviour, the stupid use of money, time wasting, gambling and murder have entered their lives.

Even though there are so many problems God is with them through mission and church caring for them. Many Christian organizations and volunteers are helping them to gain justice and reconciliation. Until the Methodist mission station was established in 1935 the Yirrakala community was not cared for. A Book "Why Warriors: Lie down and Die" written by Richard Trudgen noted the early history of Yirrkala, "But although these and other Europeans came to Arnhem land 150 years before Captain cook sighted the east coast of Australia in 1770, they had almost no contact with Yolngu. But Yolngu saw them, recording the visits in their system of law and living (aboriginal word, Madayin) records, their art galleries located in rock shelters, and their song cycles." [4]

A brief summary of Aboriginal history follows; Archaeologists have searched ancient camping sites for evidence of Aboriginal history and they say that Aboriginals have been in Australia for more than 40,000 years ago before the white man reached the Great South Land. [5]

Each aboriginal tribe group occupied a well-defined area of land, their territory with which they have close and dependent relationships. The group belonged to the land - like the animals and plants of the bush. They have been an integral part of a relatively unchanging environment.

---

[4] Richar Trudgen ; *Why Warriors*, Aboriginal Resource and Development Service Inc. Darwin, 2004
P. 17

[5] Jennifer Isaacs, Aust*ralian Dreaming*, Lansdowne press, Sydney, 1980. p.1.1

"The Methodist Church and Social Change in Australia"

They had no concept of being able to buy or sell land as the land was given long ago in the Dreamtime.

Land was not something to be bartered. They are tied closely with the continued ability of the land to provide food, life and spiritual resource. Their religious life is tied closely with the ancestral past and land. Dr. Howard Morphy said "The relationship between people and the ancestral world is continually being recreated through ceremonies which ensure that individuals are integrated within the cosmic order and that the relationship between groups and the land is in harmony with ancestral determination." [6]

The Arnhem Land Region at the top end of Australia is one of five regions of the Northern Territory of Austalia. All tribes would agree that life started in Arnhem Land at the dawn of creation, when the Great Creator (Wangarr) sent women as creators from the spirit land of an island to the East of Arnhem Land (burralku). They moved across the land creating fresh waterholes, the features of the land and the Yolngu (aboriginal people) themselves. As they pro-created, they gave the people the gifts of language and a way to live. This is the reason why Arnhem Land is as important to them as the holy Land is for other religion. Yirrkala is one town in Arnhem Land in the Northern Teritory.

In 1885 the Australian government permitted this Region to use Cattle station under the 'Australian Colonies, Waste Lands Act 1842'. For thousands of years the aboriginal tribes had lived here peacefully and occupied their land. When the Aboriginal people saw the white man's animals eating their grass, they saw the animals as theirs. They started killing some of the cattle to feed their

---

[6] Max Charlesworth and Howard Morphy with others, *Religion in Aboriginal Australia; an anthology,* University of Queensland Press 1986. p.215f.

tribe. They didn't know that this white man thought he had the legal right to the land. [7]

The white people began to control them with their guns and killed them. Richard Trudgen in his book said "as children and women writhed in agony, the Aborigines screamed in disbelief. How could any human being kill women and children in such a cowardly way? Have these white men no sense of law? Members of many clans died that day and the first war between the Yolngu (Aboriginal people) and the white was declared. Yolngu track back, fighting with spears against muskets and carbines." [8]

Since the establishment of the Methodist station of 1940 in the Aboriginal Community in Yirrakala the missionaries have been involved in aboriginal lives and their rights . Missionary Edgar Well understood the need to sooth the spiritual connection between aborigines and their land. He said "We came to believe that unless some aboriginal leaders retained control of their traditional totemic land, not only would the accumulated wisdom of the people be threatened, but their very survival would be at risk."

Young and middle aged Aborigines had learnt much from the missionaries and were confident they knew their culture, language and tradition. The Aborigines did have problems with sickness and disease in the past. They have survived an almost unbelievable amount of physical injury since they have been in contact with the white culture and modern economic life.

The Methodist Church became a member of the Uniting Church in 1976. The Frontier service of the Uniting Church is looking after a huge area of Northern Territory. They are operating many different type of ministries for aborigines, patrol ministries with the uniting

---

[7] Ibid P.19
[8] Ibid p.20

"The Methodist Church and Social Change in Australia"

aboriginal and Islander Christian congregation, nursing homes and caring and educational centres.

The Uniting Church retains the tradition of the Methodist church so the Church is a sign of hope within the community. To those who are pushed to its fringes the church should be a church that works for justice and peace for all. The Methodist Church was a church prepared to change for the future of the people of Australia. The Church reached out to people of different races and cultures with the good news of Jesus and proclaimed joyfully, sharing its life with Aborigines and serving with them.

The Methodist Church wanted to see a vision of the Kingdom of God to grow beyond international and cultural boundaries. The Methodist Church had an openness that focused not only its own interests but the Church provided God's security for all types of peoples including Aborigines.

2. An History of Australia and a Beginning of Methodism in Australia.

The first recorded European contact with Australia was a Dutch explorer Willem Janszoon (1571–1638) in Queensland in 1606. In 1770 Captain James Cook (1728-1779) who was an English explorer, navigator and cartographer arrived on April 29, 1770 with his crew. They took their first steps on land at the place now known as Kurnell, which he named Botany Bay.[9]

Captain Cook wrote about his impression of Australia in his journal. "This Eastern side is not a barren and miserable country.. in this extensive country it can never be doubted, but what most sorts

---

[9] Robert Couple, *Australia's Convict Past,* New Holand Publishers (Australia) Sydney 2002. p.10.

of grain, fruits, roots ect would flourish here were they once brought hither, planted and cultivated.. and here are provender(fodder) for more Cattle at all seasons of the year than can ever be brought into this country" [10] In his journal he could already see that Australia would be an agricultural and pastoral industrial country in the future.

Admiral Arthur Philip (1738-1814), the Royal Navy of the United Kingdom was appointed Governor of New South Wales and became the founder of the first European colony on the site which is now the city of Sydney. He set sail on May 13th, 1787 from Portsmouth in England with 11 vessels. He arrived in N.S.W. with 717 convicts of whom 180 were women, guarded by 191 marines under 19 officers. Few convicts (23) died during the voyage compared to later convict fleets. It took 8 months at sea before arriving in Port Jackson (Sydney Harbour) on 26 January 1788. It is on this day every year that Australia Day is celebrated. When Governor Phillip landed at Sydney cove there was no Christian ceremony to mark the occasion. [11]

Hans Mol said in his book the Faith of Australians, "The British flag was raised, the appropriate military rites were carried out, but the Christian chaplain Richard Johnson took no part in the proceedings."[12]

---

[10] Ibid p.11.

[11] Read, Atkinson, Alan, *The Europeans in Australia,* vol. 1 Oxford University Press 1997. This book e*xamines the forces leading up to the English decision to colonize Australia in 1787 and explores the ways in which the European ideas about spirituality, self and the land influenced the development of their settlement.*

[12] Mol, Hans; *the Faith of Australians,* George Allen & Unwin Sydney London Boston. 1922. P.1.

"The Methodist Church and Social Change in Australia"

The beginning of Australia was not as a Christian country. It was "a penal colony comprised mainly of convicts, marines and the wives of the marines."[13] Australian earliest settlers came unwillingly, but they brought the faith with them, and many caught the faith.

By contrast when the Pilgrim Fathers had landed at New Plymouth in 1960, Christian prayers, bible reading and the proclamation of the church covenant were the only forms of celebration[14] God's grace had been in the convicts. We understand that history began with the sins of people. In Genesis the history of humanity began with Adam and Eve but God's love and Grace was with them for the future of humanity.

In the first sixty years of European settlement in Australia, Britain sent over 162,000 convicts to Australia in 806 ships. As historians mentioned, many of the convicts were serious offenders, not the innocent victims of a harsh criminal law. They were mostly repeat offenders, regarded as incorrigible, and mostly very young.[15] One convict described his convict life;

---

[13] Robert Couple, *Australia's Convict Past,* New Holand Publishers (Australia) Sydney 2002. p.13.
Australian Government; Cultural and Recreation Portal, Australian cultura Websites (Cultural.Gov. Au).
[14] Mol, Hans; t*he Faith of Australians*, George Allen & Unwin Sydney London Boston. 1922. P.1
[15] With them they took seeds, farm implements, livestock such as cattle, sheep, pigs, goats, horses and chickens and 2 years supply of food. The first colonists came ashore at Port Jackson on 26 January 1788.
A second fleet arrived in 1790 and a third fleet came in 1791. At first the settlers lived in simple wooden huts but later convicts made bricks for houses.

"We have to work from 14-18 hours a day, sometimes up to our knees in cold water, 'til we are ready to sink with fatigue... The inhuman driver struck one, John Smith, with a heavy thong."[16]

Many convicts viewed church part of their ultimate punishment. Britain was also not concerned with developing Australia as a nation but used it literally as a dumping ground for the worst criminals.

On the first Fleet two chaplains Rev Richard Johnson (1753-1827) and his assistant Rev Samuel Marsden (who sent out in 1794) arrived in the Harbour on the day with convicts. Richard Johnson built the first church at his own expense and with his own hands. It was a wattle and daub church he started building in 1793. A marble obelisk stands by the spot near Macquarie Square.

He was born in 1757 at Welton, England and was educated at Magdalen College, Cambridge. He graduated with a BA in 1783, and was appointed a deacon and priest by the Archbishop of Canterbury in 1786. Only five months before the First Fleet set sail, Richard Johnson was recommended and approved for the position of Chaplin, to establish the Church of England in Australia.

Governor Phillip saw Johnson's job as a "moral policeman" to the convicts, but the chaplain viewed his position as a door of opportunity to preach the Gospel to the "dregs of humanity."[17]

His work began even before the ship landed, and his moral nature displayed. Johnson found the ship's company very disrespectful

---

[16] Australian Government; Cultural and Recreation Portal, Australian cultural Websites (Cultural.Gov. Au).
[17] Elizabeth Rogers Kotlowski, *South Land of the Hoy Spirit;* A Christian History of Australia, Published, Christian History Research Institute, Orange, NSW, 1994, read chapter 7, missionaries.

and profane and targeted this in his teaching. On the following Sunday it was noted that for days afterwards their behaviour had improved.

On Sunday the 3rd of February 1788, seven days later the ship arrived in Sydney. Johnson held the service and preached his first sermon to a crowd of both soldiers and convicts, reading from Psalms 116: 12 declared to his weary congregants, "What shall I render unto the Lord for all that He has done for me?" He conducted the first divine service in Sydney 'under some trees' (or 'a great tree'). [18]

Rev. Richard Johnson and his monument. The first church built by Rev Richard Johnsonin 1793 but this church was burnt down in 1798. Richard Johnson is commemorated in Sydney by Richard Johnson place, and is on the corner of Bligh and Hunter Streets in Sydney.

---

[18] Bonwick, James ; *Australia's first preacher; the Rev. Richard Johnson,* London; Sampson Low, Marston & Co., 1898. Christian Today Australia Friday, 1 February 2008. J. Bonwick, *Australia's First Preacher*; Journal and Proceedings Royal Australian Historical Society, vol. I, pp. 7, 43, 119

Rev. Sang Taek Lee

With this humble opening, some might ask who Rev. Johnson was and why this particular message was delivered at the dawn of the founding of Australia. Rev. Johnson explained in his tract which he wrote in 1792 with a passion for the Gospel. The Chaplin said, "It was only through Jesus Christ a 'door of hope' was opened by God to redeem humanity from a life of misery and ruin." [19]

He was given a grant of land and worked it so successfully with the help of some convict labour, that in November 1790 Captain Tench called him the best farmer in the country. He began to build a church himself, and by September completed a building capable of holding 500 people at a cost of about £67. Even allowing for the difference in the purchasing power of money and the comparative flimsiness of the structure, this was a remarkable achievement. This church was burnt down in 1798. Johnson, with his wife Mary, taught between 150 and 200 school children in Sydney's first church until it was burned down.

This is his prayer that he wrote to the people of Australia. "This will be my daily prayer to God for you. I shall pray for your eternal salvation, for your present welfare, for the preservation, peace, and prosperity of this colony: and especially for the more abundant and manifest success of the Redeemer's cause and kingdom, and for the effusion and out-pouring of his Holy Spirit, not only here, but in every part of the habitable globe. Longing, hoping, and waiting for the dawn of that happy day, when the heathen shall be given to the Lord Jesus for his inheritance, and the uttermost parts of the

---

[19] See. J. Bonwick, *Australia's First Preacher*; Journal and Proceedings Royal Australian Historical Society, vol. I, pp. 7, 43, 119. *Richard Johnson - Chaplain to the Colony of New South Wales* by Neil K. Macintosh, 1978.

"The Methodist Church and Social Change in Australia"

earth for his possession: and when all the ends of the earth shall see, believe, and rejoice in the salvation of God (Ps. ii. 8 & xciii.3). I am your affectionate Friend and Servant in the Gospel of Christ,"[20] He was a faithful God's servant who dedicated himself to the future of this new Land. He died on 13 March 1827 in England.

In the Macquarie era 1810-1821 5th Governor of New south Wales Lachlan Macquarie (1762-1824) was sent to clean up the filthy colony in 1810. He believed that religion would be helpful to build moral society. During the Macquarie era the denominations and pastors travelled to Australia to try to improve the plight of the convicts.

They felt more comfortable with a the idea of individual salvation as being central to the nature of the Kingdom of God, although they introduced the value system of English education, welfare for social , political structure and medication. During the Macquarie era denominational churches were established as follows. [21]

1810: First Congregationalist church began.
1815: First Methodist church in England sends Rev Samuel Leigh to Australia to
start mission.
1820: Catholic services allowed to be taken openly.
1824: First Presbyterian church opens in Australia.
1832: First Quaker congregation comes to Hobart.

---

[20] This prayer was requoted from the Internet Resource and also see, J. Bonwick, *Australia's First Preacher;* Journal and Proceedings Royal Australian Historical Society, vol. I, pp. 7, 43, 119.
[21] James Broadbent and Joy Hughes (ed), *The Age of Macquarie,* Melbourne University press, 1992. P.75-87 (chapter 6 religion and education).

Rev. Sang Taek Lee

The first Methodist Mission to Australia was requested by a layman. He was Edward Eagar who requested to send a Methodist missionary to the Methodist conference in England. He was the founder of the Wesley Mission Church in Sydney. A summary from Wikipedia, the free encyclopedia is as follows.[22] Edward Eagar (1787 – 1866) was a lawyer, merchant and criminal. Eagar was born in Killarney, Ireland. His parents were landed gentry so he was well educated. He trained as a solicitor and became an attorney to His Majesty's Courts in Ireland. In 1809 he was charged with forging a bill of exchange, and he was convicted and sentenced to death. He pleaded for clemency and was gaoled for 18 months until he was transported to Sydney. The chaplain sought Eagar's repentance. Eagar committed his life to Christ, repented, and the chaplain sent with him to Australia with a letter to Reverend Samuel Marsden (the first chaplin in Australia Rev. Richard Johnson's assistant chaplain) that said, "Edward Eagar has really become a new creature."[23]

Eagar arrived as a convict in chains in 1811 and was assigned to teach children. He commenced Bible classes in the Windsor district. He was then given charge of the local school. In 1812 he met with two newcomers, Thomas Bowden and John Hoskin, and they formed the first membership of the first Methodist Church in Australia, known as Wesley Mission on 12 March 1812. Eagar wrote to the Methodist Conference in England to "send us a Minister lest we die in our sins".

The conference in England made a decision to send a missionary, Rev. Samuel Leigh to Australia in 1815. The Reverend Samuel Leigh arrived in 1815, and Eagar introduced him to Governor Macuarie. Reverend Leigh was the first Methodist minister in Aus-

---

[22] Wikipedia, the free encyclopedia , Edward Eagar and also see report of Wesley mission 2007, " Wesley mission, Sydney-the church with three names
[23] Ibid.

tralia. Samuel Leigh (1785-1852), the first Methodist missionary, was born on 1 September 1785 at Milton, Staffordshire, England.[24] He was sent to New South Wales in answer to an appeal for a missionary by Methodists there. Leigh was therefore transferred to New South Wales. He sailed for Sydney on 28 February 1815 and landed there on 30 August, and thus became the first Wesleyan missionary to reach Australia.

The first Methodist missionary in Australia, Rev. Samuel Leigh arrived in 1815 but in 1819 had to return because of ill-health.

His first service was held in a cottage in the Rocks area, where a Wesleyan Society had been meeting since 1812, but he soon turned his attention to the country and went to Castlereagh. He made contact with a farmer, John Lees, who was responsible for building there the first Methodist church in Australia.

---

[24] R. H. Doust, *'Leigh, Samuel (1785 - 1852)'*, *Australian Dictionary of Biography*, Volume 2, Melborne University press. 1967, p. 105.

Rev. Sang Taek Lee

This church was completed in 1885 and was dedicated to Rev. Samuel Leigh, the first Methodist Minister in Paramatta who preached in the area from 1816.

On 13 September 1818 he laid the foundation stone of a chapel at Windsor, built on land given by Samuel Marsden. In January 1819 he laid the foundation stone of another chapel on land in Macquarie Street given by the governor and Thomas Wylde. In March he opened a small chapel which a retired soldier, Sergeant James Scott, had built at his own expense in Princes Street. Thus Leigh established the first Methodist circuit, with some fourteen preaching places, which involved him in 150 miles (241 km) of travel every three weeks. His memory is perpetuated in New South Wales by the Leigh Memorial Centenary Church, Parramatta, and the Leigh Theological College, Enfield in Sydney. In February 1822 Leigh went with his wife to New Zealand where he established the first Wesleyan mission at Whangaroa and missioned to Maori people. They returned to Sydney and retired in 1845 in England and died on 2 May 1852. [25]

---

[25] R. H. Doust, *'Leigh, Samuel (1785 - 1852)'*, *Australian Dictionary of Biography*, Volume 2, melbourne University Press , 1967 p. 105. Read, Alexander Strachan, *Remarkable Incidents in the life of the Rev. Samuel Leigh*, 2nd edition, Printed for James Nichols, London, 1855.

"The Methodist Church and Social Change in Australia"

Dr. Hans Mol in his book of The faith of Australians commented, "Methodism is one of the most successful Australian churches in 19th century and produced the revivals into Australia."[26] The Methodist church evangelised to people in rural, mining, and missioned to indigenous people in New Zealand and pacific islands. The early Methodist missionaries in Australia focused on individual conversions. Their primary aim was to save souls and to build the church. The nineteenth century protestant missions grew out of evangelical awakening with its emphasis on pietistic, individual salvation.

Wesley Mission Church in Sydney is one of the bigger Methodist churches in the world on Pitt Street with the spirit of social and spiritual welfare for people. Rev. Sir Alan Walker was an example of the Methodist minister to work with the Methodist spirit for the people of Sydney.

Sir Alan became Superintendent of Wesley Mission in 1958 and oversaw a remarkable period of growth in Wesley Mission's ministry and work until his retirement from the position in 1978 He said "Let it never be forgotten that it is Christ we offer," he said. "The Church must never degenerate to being akin to a government or social service agency. We witness first, last and always, to Christ." [27] These words were to express well a part of Wesley 's thought.

---

[26] Hans Mol , *The Faith of Australians,* George Allen & Unwin, Sydney London Boston, 1922 p.14

[27] From thanksgiving service for Rev. Sir Alan Walker in the Wesley Mission Church. Rev Dr Sir Alan Walker AK OBE, MA, DD who died on January 29 at an aged care centre on Sydney's north shore. Sir Alan was 91 years old.

Rev. Sang Taek Lee

During the Second World War many Christians became acutely aware of the great spiritual needs of the Australian people. The Methodist Church in Australia owes its origin to the great spiritual awakening of the eighteenth century when God raised up John and Charles Wesley who were a church founder and preacher and hymn writer.

The Methodism that entered Australia was distinguished from the Church of England, state-involved church. The Methodist church can be characterised as not be being similar in type to the Church of England or Catholic Church, but to the evangelic revival service type. Their primary aim was to save souls and to build the church.

John Wesley is remembered for a few major outlooks. Wesley began using music as part of worshipping God. His brother Charles Wesley wrote over 9000 hymns and poems. Even today the hymns of Charles Wesley continue to be sung in our churches. Australian Hymn Book (AHB) and Together in Song (the second edition of the AHB) have contained many their hymns.

Secondly, Wesley introduced the gifts of Lay people and women. He used both men and women as preachers, teachers and leaders of the church. They led house church groups and received postings that they were best qualified to do. No other place in 18th century gave women such opportunities. The Methodist Church used the lay spiritual leadership and gifts in he church life. This tradition was fully accepted when the Methodist Church became a member of the Uniting Church. The Uniting Church affirms that every member of the church is engaged to confess the faith of Christ crucified and to be his faithful servant. The Uniting Church recognises and encourages lay ministry and shares lay leadership with ministers for building up the congregation in faith an love.

Thirdly in Wesley's era the industrial revolution began. He began preaching in open fields to the working classes as they were not

"The Methodist Church and Social Change in Australia"

comfortable in churches with the upper classes. He went to where the people were, that is, on the way to work and preached to them. His ministry stressed social concerns as well as spiritual concerns. Wesley saw Christianity as social religion rather than a solitary religion. Christians should work together in communities and put back something into the wider community.

The 18th century saw a transition in agriculture. Agriculture was giving way to industry in British society. Wesley's movement saw the need to deal with this social change and the application of the gospel to it. Wesley believed that the vision of the Gospel would bring a cure to the sickness of society in transition. Wesley mission was not only focused on preaching and worship but he operated a medical dispensary, organised a school for children and provided a shelter for widows. He had a particular concern for the poor people who were marginalized in English society in 18th century. In his concept of "the World is my Parish" he welcomed the social marginalized people to the families of the kingdom.

John Wesley's social concern promoted an important ideology of the social concerns in the modern century when we understand that Wesley's social concern was rooted in the Christian faith. He was fundamentally an earnest Christian who sought through a variety of means to effect the redemption of fallen humanity. [28] For this reason Wesley cannot be used as a supporter of communism or Marxism. Nothing in his social concern can be identified with destructive or violent expressions of revolution espoused by any contemporary movement. [29]

Dr. Steve Harper commented in his book the 'Way to Heaven' explores Wesley's thoughts and mission. "Wesley's social concern

---

[28] Harper, Steve; *John Wesley's Message for Today,* Zondervan Publishing company 1983 P. 139.
[29] Ibid p. 138.

was the power of love and compassion working within a society that had its share of injustices (p.138). He said "Wesley would call us to a ministry to the total person in the total society- all over the world. But he would always stress the need for such ministry to be distinctively related to the name and spirit of Christ."[30]

3. Social Movements in Australia and the Methodist Church.

A. Early Social and Economic Condition in Australia.

When Australian's holiday, most move to areas outside the cities. Many Australians say that rural Australia is the 'real' Australia. Many Australians are directly or indirectly involved in some kind of rural activities. Those Australians not involved with farming, still have strong links to this heritage as part of the culture of Australia. For this reason they holiday in country areas or have seaside holidays.

The Sydney Royal Easter Show is Australia's largest annual event. The Show aims to recognise the achievements in farming and agriculture to promote awareness to the city people of the work of their county counter parts and their need for one another.

Between 1789 and 1791 the early settlers at Sydney Cove were critically short of food. Farms in Australia had been established with convict labour. These farms and pastures all depended on free convict labour to survive. Convicts were assigned to farmers under strict conditions known as the Assignment System.

---

[30] Ibid P. 139.

"The Methodist Church and Social Change in Australia"

In the first few decades after European settlement in Australia farms developed in Sydney Cove. These farms mainly grew wheat crops and raised sheep that had originally been brought over from Europe. Government sponsored exploration throughout the 1800s opened up new tracts of land, and farmers and squatters (land owners) gradually moved inland and occupied huge areas of pasture. In the 19th century new economic classes emerged in the society. The squatters became rich and labourers wandered from farm to farm seeking work. A social economic class grew in this society.[31]

The first settlers in Australia had an extremely harsh life to open up this uninhabited land. Many men died exploring this land. Australian historians all tell of the dry climate and infertile soil of Australia that presented challenges to farmers from the start, but they quickly determined that the country was well suited for the production of high quality wool. Wool became the cornerstone of Australian agriculture and Australia is often said to have 'ridden on the sheep's back' through the early days of its economic development.

The British had little concern for convicts sent to this dry land. Their only concern was to rid their over crowded jails of their occupants. In the 18th century Britain was affected by the industrial revolution and they needed other sources of revenue. They became interested in the quality of wool coming from "the Land Down under" Australia.

The 1901 Population Census recorded around fourteen per cent of Australia's total population as working in the agricultural and pastoral industries. Wool became the most vital home and export commodity in Australia. Sheep have been part of the Australian scene almost since the first fleet arrived at Botany Bay in 1788.

---

[31] Crowley, F. K. (ed.), *A New History of Australia,* Melbourne, 1974

The early farmers developed a breed of sheep called Merino sheep which became world famous and very valuable.

B. Henry Lawson and "The Ballad of the Drover"

Henry Lawson (1867- 1922) Australia's greatest short story writer and also was the best known Australian poet. Lawson created passionately egalitarian poetry and was deeply humane. Most of his work focuses on the Australian bush which refers to the European settlers concepts of the land of Australia. They refer to the 'Bush' and the 'Outback' which refers colloquially to any land outside of the main urban areas.

Henry Lawson (1867 - 1922) was an Australian poet and short-story writer. His many stories typify the nationalist period in Australian writing.

"The Ballad of the Drover" is one of his well known stories. This story is regarded as one of his finest stories about the early Australian bush life of a suffering and loneliness. A drover named Harry Dale was riding home on his stock horse. He had his pack-horse

"The Methodist Church and Social Change in Australia"

and dog with him. He was very happy because very soon he would be home and see his girl whom he hoped to marry soon.

Henry Lawson sang:[32]

"Up Queensland way with cattle, He travelled regions vast; and many months have vanished since home-folk saw him last. He hums a song of some- one, he hopes to marry soon; and hobble-chains and camp-ware keep jingling to the tune."

While he rode over the plains suddenly the storm clouds gathered, thunder rolled, lightning struck. Finally torrents of rain fell. The River became flooded. Unfortunately the drover tried to cross that flooded river, but his horse's strength failed and he only got half way a cross. The other part of the poem tells the story of his fiancé. At the homestead his girl would wait for him but he would never come home. After the flood cleared the only survivor was the old pack horse. The drover had drowned in the flood river. The flood deprived of her hopes and dreams in a moment of time. The end of poem said as follows:

The floods are in the ocean,
the stream is clear again,
and now a verdant carpet
is stretched across the plain.
But someone's eyes are saddened,
and someone's heart still bleeds
in sorrow for the drover
who sleeps among the reeds. [33]

---

[32] Read Clark, Manning, *Henry Lawson, the man and the legend*, Melbourne 1995. and Wright, Judith Henry Lawson, *Great Australian series*, Melbourne, Oxford University Press 1967.

[33] *Henry Lawson, an Illustrated Treasury* selected by Glenys Smith, Lansdowne Publishing Sydney 1997. P.46-48.

This poem is sad and reflects Australian's early pioneer life. They had to cope with floods, droughts, fires and severe storms. This story suggests that we can find hope in the vain, struggle of sadness. No one could help her through her time of trial. This story is sad and reflects Australian's early pioneer life. They had to cope with floods, droughts, fires and severe storms. But most important was the loneliness because of distance in the expanse of this big country.

This Ballad begins by expressing hope and expectation and happiness as the drover and the girl look forward to meeting again. The ballad ends with tragedy and hopelessness. Their expectations were brought to a sad ending. The story asks us, can we find hope from vain, struggle and sadness? This young woman can overcome her sorrow and find a new path for her life and future in this big country.

The drover never came back and his girl would wait in vain. Our lover, Jesus was resurrected and came to us again through the Holy Spirit. He changes our sadness and suffering to hope and happiness. Our final expectation is always a happy ending. Australia was not a Christian county but they started as a secular nation and Australia became a Christian country as European countries had done.

There might be many reasons. One of them would be identifying between the suffering Jesus and suffering pioneer life in the Early century of Australia. The Australian church saw its role as being a carer for suffering people and to encourage their dream of a better world for their future.

C. The great Shearer's Strike of 1891 and the development of the Australian Labour Party.

As the wool industry grew, the shearers became a very essential part of this industry as Australia's largest industry grew. The 1891

"The Methodist Church and Social Change in Australia"

the Shearers' Strike is one of Australia's oldest and most important industrial disputes. The conditions of the shearers were appalling and eventually in 1891 shearers began the famous 'Shearers Strike'.

In 1890 there were struggle between the unions of shearers and the squatters of the sheep industry. The squatters formed the Pastoralists's Federal Council to counter the strength of the union. This organisation caused the strike. A report said, "the battle lines were drawn, conflict was not far away; the only question was where and when." [34]

Many union shearers were outraged when Logan Downs Station Manager Charles Fairbain asked the shearers to sign a contract that would reduce the power of their union. On January 5, 1891 the shearers announced a strike until the following demands for a contract were met: [35]

1. Continuation of existing rates of pay
2. Protection of workers' rights and privileges
3. Just and equitable agreements
4. Exclusion of low-cost Chinese labour.

The strike started and quickly spread. One of the first Mayday marches in the world took place during the strike on 1 May 1891 in the town of Barcaldine. The Shearers strike gathered under tree at the town of Barcaldine (this tree became an historical tree) located 1080 km north-west Brisbane in Queensland.

When the strike started it quickly spread throughout the Queensland sheep farms. From February until May, Central Queensland was on the brink of civil war. Striking shearers formed armed

---

[34] *Australian Shearers Strike of 1891* from Wikipedia, the free encyclopaedia.
[35] Ibid. *Australian Shearers Strike of 1891*. Another resource, *the 1891 Shearers Strike* in "the Jondaryan Woolshed, SOSE Helpful Sites, Years 8-10."

camps outside of towns. The colonial government sent thousands of armed soldiers and arrested strike leaders and people.

The Sydney Morning Herald reported that 1340 soldiers took part and 618 of whom were mounted on horse to control this strike. The strikers carried banners and wore blue shirts and the Eureka Flag which was the battle flag used at the Eureka Stockade, was carried.

It seemed the squatters (sheep farm owners) won this time, being supported by the government troopers. Many union leaders were charged and sentenced to many years in prison. This strike began the movement toward the founding of the Labour Party. In 1891 Labour Party was born in Australia.

According to labour folklore, the *Manifesto* was read out under the so called "Tree of Knowledge at Barcaldine (it became an historical tree)" following the Great Shearer's Strike. Barcaldine being at the centre of the industrial strife, that took place in 1891 was the point for contact and communication for the strikers who were later to form the vanguard of the labour movement. [36]

On the issues of working conditions and 'freedom of contract', the shearers …in order to witness to their solidarity and to prevent the incursion of non-union labour, established themselves in camps at all the principal centres of the West, and Barcaldine came to be regarded as the headquarters of the movement because it was here that policy was laid down and decisions made'. [37]

---

[36] From requoted from Barcaldine town's story (Meredith Walker, *Historic Towns in Queensland: an introductory study*, Brisbane: unpublished report to the National Trust of Queensland, 1981.)

[37] Ibid

"The Methodist Church and Social Change in Australia"

The presence of three or four hundred men in the Barcaldine camp alarmed the government and a contingent of the Defence Force was dispatched to the town. With the arrests of the strike committee and some of their supporters, the strike lost its impetus and strikers began drifting away. All but two of the fourteen men arrested were convicted of conspiracy and sentenced to three years' goal. One of the two acquitted, Thomas J. Ryan, secretary of the Queensland Labourers Union, became the first endorsed Labour man elected to Parliament, in a by-election the next year.

This election victory and the 1891 strike were parts of a great social movement which, although centred for a time in Barcaldine, has left few marks on the fabric of the town — a plaque commemorates the meetings held under the 'Tree of Knowledge' and scattered debris on the site of the strikers' camp help to evoke the scene."[38]

The *Manifesto* was an important link in the chain of actions and events in Queensland that culminated in the formation of the first Labour government in the world. This was the short-lived Anderson Dawson Labour Government that came to power in 1899.

The *Manifesto* was written by Charles Seymour (1853-1924), who was heavily involved in the formative years of the labour movement in Queensland. It was signed by the party's president, Thomas Glassey, who was also the first person to be popularly elected on a labour platform in Queensland. [39]

---

[38] Ibid also read *the Great Shearer's strike of 1891,* ABC Queensland Heritage Published 27th August 2002.

[39] The manifesto of the Queensland Labour Party, dated 9 September 1892 held in the collections of the John Oxley Library, has been registered by UNESCO for its national cultural significance. Also see. J. Roe, *Beyond Belief. Theosophy in Australia 1879-1939* (Syd, 1986); Parliamentary Debate (Queensland), 1893, p 84, 211, 462, 686, 1894, p 88.

Rev. Sang Taek Lee

Seymour was active in the formation of the Queensland provincial council of the Australian Labour Federation in June 1889 and was the provisional secretary for a year. He was treasurer of the A.L.F. in 1889-99 and wrote the first manifesto of the Queensland Labour Party in 1892. He attended Labour-in-politics conventions in 1892 and 1898, was assistant secretary of the central political executive briefly in 1892 and a member in 1895-96 and 1901-05. The Labour movement is regarded as fundamental to the Australian identity as a building justice society in Australia. This movement was transformed to the working classes and supported by many leaders in society.

D. The Stike of 1891 and Henry Lawson and Benjo Paterson.

Henry Lawson (1867- 1922) was Australia's greatest short story writer and also the best known Australian poet. His well known poem, "Freedom on the Wallaby" was written to support the shearers strike of 1891. The final famous lines were;

"So we must fly a rebel flag as others did before us
And we must sing a rebel song and join in rebel chorus
We'll make the tyrants feel the sting of those that they would throttle
They needn't say the fault is ours if blood should stain the wattle"[40]

This poem was written by Henry Lawson and printed in the Worker in Brisbane (May 16th 1891). This poem has 5 stanzas. This was Lawson's comment on the use of the military to put down

---

[40] "Freedom on the Wallaby", Henry Lawson's well known poem, was written as a comment on the 1891 Australian shearers' strike. The 1891 Shearers' Strike is one of australia's oldest and most important industrial disputes. The last two stanzas of the poem were read out by Frederick Brentnall MP on July 15, 1891 in the Queensland Legislative council.

"The Methodist Church and Social Change in Australia"

the Shearers Strike. It was read out in the Queensland parliament with calls for his arrest for sedition.

Banjo Paterson (1864-1941) was a famous Australian bush poet. Banjo Paterson's song Waltzing Matida, an unofficial Australian anthem, was also written about this era of shearers' industrial disputes in Queensland. After the shearers strike there were many unemployed men who took the road to find any kind of work they could to make some money, just to eat. It was at this time Banjo Paterson wrote his famous poem Waltzing Matilda. [41]

Banjo Paterson (1864–1941) wrote many well-known Australian poems, including 'The Man from Snowy River', 'Clancy of the Overflow' and 'Waltzing Matilda'. Picture is on the $10 note.

The song begins with a swagman who was an unemployed poor person who traveled for food throughout the country side. He

---

[41] A. K. Thomson ed. The Four corners ; an Anthology of Poetry , the Jacaranda press, NSW 1987.
S. May, *The Story of Waltzing Matilda* (Brisb, 1944); C. W. Semmler, R. D. Magoffin, *Fair Dinkum Matilda* (Charters Towers, Qld, 1973); R. Campbell and P. Harvie (compilers), *A. B. (Banjo) Paterson: Complete Works 1885-1941* (Syd, 1983); *Australian Quarterly*, June 1941; *Meanjin Quarterly*, 1964,

camped by a billabong. "Billabong" is an indigenous Australian word for a small dam, a run- off of a river. In the shade of the Coolabah tree growing near the dam, is the setting for the swagman and he waits for his Billy (a tin can for making tea) to boil.

As he waits there comes a jumbuck (sheep) arrives at the waterhole to drink. Since the swagman relied on whatever food he could find to keep alive, he naturally saw the lamb as his next few dinners and grabbed it. We guess that some one had seen the smoke from his camp fire and told the owner, who sent the soldiers to capture him. Sadly the Swagman must have known the conditions of the jails because he preferred to die rather than be captured and he jumped into the billabong and died. Last part of the poem gives a ghostly sound to poem. This sound is the sound of an unfortunate man's wish; You'll come a waltzing matilda with me. And his ghost may be heard as you pass by the billabong. You'll come a waltzing matilda with me. One day he will dance in a happy situation. This is his dream and Australia's dream for sharing economic justice.

I have included all poem "Waltzing Matilda"

Oh! there once was a swagman camped in a Billabong,
Under the shade of a Coolabah tree;
And he sang as he looked at his old billy boiling,
"Who'll come a-waltzing Matilda with me?"
Who'll come a-waltzing Matilda, my darling?
Who'll come a-waltzing Matilda with me?
Waltzing Matilda and leading a water-bag --
Who'll come a-waltzing Matilda with me?

Down came a jumbuck to drink at the water-hole,
Up jumped the swagman and grabbed him with glee;
And he sang as he stowed him away in his tucker-bag,
"You'll come a-waltzing Matilda with me."

"The Methodist Church and Social Change in Australia"

Down came the Squatter a-riding his thoroughbred;
Down came Policemen -- one, two and three.
"Whose is the jumbuck you've got in the tucker-bag?
You'll come a-waltzing Matilda with me!"

But the swagman he up and he jumped in the water-hole,
Drowning himself by the Coolabah tree;
And his ghost may be heard as it sings in the Billabong
"Who'll come a-waltzing Matilda with me?"

Verse 1. is describing a swagman, V2. describing his free style of life. V3. describing squatter who was the symbol of Authority. V.4 describing his wish for freedom over captivity. As a representative of Australian people the swagman reflects Australian dream which is an egalitarian, free society with economical rights. So Australian people love this song. Waltzing Matilda has a swagman representing the socially and economically unaccepted and poor. He reflects the un-employed of those days who were anti- bureaucracy, and Authoritarianism as represented by the squatter and troopers. In his dream he would be free to live as an economically accepted member of society with a job, or a free life style without being dictated to by authoritarians.

Waltzing Matilda's hope has supported Australian's dream and helped to bring them together by offering them economic equality, humanitarian dignity and social justice for the future in the Australian context. Her hope has been never brought Australia to social riot, but Australian society lead to a new direction which is peace, love and understanding through Christianity. Australian churches want to become a minjung church with the people who are oppressed. The Australian church is a church who has a strong concern on socio-political context.

Now Australia has developed a social welfare system which takes care of the socially unacceptable people in our society. This is a way that the country is becoming a good friend to them and accepting them as a part of our society.

E. Labor movement after the great shearer's Strike and Christian leaders.

In general the Australian attitude towards religion is one of apathy. The first settlers were convicts and they arrived with officers and a chaplain as a moral officer. European settlers brought their own religions and started their churches in Australia. The church identified with the suffering lives that they live as they settle in this the new land. The church slowly began to be accepted. The early Australians thought this land was a god forsaken land and God had forsaken them.

Australia began as a very working class nation. There was a very small upper class. The working class had no time for the upper classes and so there were many more working class people sothat the political scene naturally develop to the labour Party. The membership was much larger than the Liberal party. Even though Australia was not a Christian society many leaders of Political parties were Christian.

The year of 1891 was the year of a significant events the political life of Australia. The Shearer's strike of 1891,which played an important role in the events which led to the formation of the Australian Labour party. The role of the protestant Church in the history of the Labour Party has been noticed by historians, but typically the contribution of evangelical Protestants to its formation was much greater than has been acknowledged. Dr. Stuart Piggin's views in his article are interesting "The Spirit of God and the Spirit of Australia." This article was his address at the lunch meeting at Parliament House Sydney held by the Christian Democrats a in

"The Methodist Church and Social Change in Australia"

June 1998 . He noticed that there are two factions in the Australian Labour Party.

The first faction is s primarily the product of the impact of Marxist thought on the working class. The Labour Party was influenced by Marxism as the leader Billy McNamara was anti-Christian. The second faction that formed the Labour Party was influenced by Labour Members of the evangelical camp and they were elected by the people. Many leaders of protestant and the Methodist churches were leaders of Labour parties. James Sinclair Taylor (1855-1922) was the first Labour Premier. He was a boilermaker and was the superintendent of the Sunday School at St. Paul's church for 32 years. he was also prominent in the district's Anglican Community. He was one of the foundation members of the Australian Labour Party (ALP). In 1910) October he became the first Labour Premier (1910-20).[42]

John Lionel Fegan (1862-1932) worked as a miner in the Newcasle area. He was one of the Australian Labor Party's first members of parliament, elected in 1891 to represent the seat of Newcastle in the New South Wales Legislative Assembly. Fegan was a councillor on Wickham Municipal Council from 1917 until his death, and mayor in 1924 and 1931. He was a member of the Newcastle Board of Health from 1909 to 1932. Fegan was a Wesleyan Methodist lay-preacher and Sunday-School superintendent at Carrington. He had a political pilgrimage every bit as dynamic as his religious one.[43] Frank (Francis) Cotton (1857 - 1942) mediated in the Shearers' Strike of 1890, was a founder of the Single Tax League, and

---

[42] *Labour in Politics: the state labour parties in Australia, 1880-1920*, University of Queensland Press, St. Lucia, 1975, p. 111.

[43] *Australian Dictionary of Biography*, Australian National University, Retrieved on 2007-09-07.

editor of the Democrat. He was a Methodist lay preacher. A Methodist, Cotton may have written the first manifesto of the NSW Labour Party.[44] Some historians have demonstrated that Christianity has made 'a magnificent and almost dominant' contribution to the shaping of Australian society. They argue that the 'reform of a convict colony was a social miracle, the product of the evangelical gospel' and that universal education, trade unionism, and federation were all 'at heart evangelical achievements'. [45]

The Commonwealth of Australia was formed in 1901 through the federation of six states under a single constitution. The non-Indigenous population at the time of Federation was 3.8 million, while the estimated Indigenous population was around 93,000. Half of the people lived in cities, three-quarters were born in Australia, and the majority were of English, Scottish or Irish descent. The founders of the new nation believed they were creating something new. They wanted Australia to be harmonious, united and egalitarian, and had progressive ideas about human rights, the observance of democratic procedures and the value of a secret ballot. These ideas have coincided with Christian values in modern Australia.

F. Social hope and Millennial hope.

The Methodist church began to grow among the lower classes and they produced many leaders of the labour party after the working classes emerged into Australian society. Although a Christian millennial hope was not incorporated into the Labour movement and the strike of 1981, we need to understand the millennial hope

---

[44] Bede Nairn, 'Cotton, Francis (Frank) (1857 - 1942)', *Australian Dictionary of Biography*, Volume 8, melbourne Univesity Press, 1981, pp 119-120. Other Labour Party men elected in 1891 were known to be evangelicals.

[45] Ibid. Dr. Stuart Piggin's Address.

connected to the oppressed movement in Australian society. Historically Millennial hope has grown among the oppressed people. This movement has been an expression of the oppressed dream of a better world and better society. The oppressed experience is one of suffering and injustice.

They have faced oppression in countless forms and have been denied their rights and their human dignity. Millennial hope has supported the oppressed dream and helped to bring them together by offering them power, dignity, justice and freedom in the future in their life context. This millennial hope is the hope of the people to rise above their present oppressed state to a place of power in the socio-economic political context, and has helped the people movement to fulfil their aim of peace.[46]

The Australian people's movement would be expressed as an upheaval seeking to overthrow the present order to establish the new age. The movement has been a gradual shift in the centre of power in Australia to build a just society. This strike helped people to wake up and become more energetic in their endeavour to change the structure of their political-economic society.

The churches in Australia have shared people's visions and dreams, suffering and pain. Through education, evangelism, a social welfare system and involvement of movements has been some of the churches methods of helping. Naturally the church and the Australian people together were hoping in the millennialism to begin a new society.

Australian millennial hope which would lead their own nation, in the 'Land Down Under' towards federation of the states ruled, as a

---

[46] Read, Dr. Sang Taek Lee, *Religion and Social formation in Korea*, Mouton de Gruyter 1996.

Colony of Britain. Christian politicians were fully involved and supported Federation in Australia. I quote a paragraph of the address of Dr. Stuart Piggin.

"On 9 July 1900 the Commonwealth of Australia Constitution Act was given the royal assent. It is important to note that the people of the various Australian colonies, 'humbly relying on the blessing of Almighty God have agreed to unite in one indissoluble Federal Commonwealth. The wording was important to Australian Christians who, in large numbers, had petitioned the various Australian legislatures for its insertion in the Constitution. The wording remains important to many Christians who see it as a recognition that Australia is not a totalitarian regime because the supremacy of its Parliament was to be exercised under God. Human legislature can 'have no power. . . except it were given. . . from above' (the Gospel of John 19:11). Ultimate power resides only in God and on earth power is not to be concentrated in the hands of any one person or group, but is to be divided among the legislature, the judiciary, and the executive."[47]

The Australian constitution is based on Christian values and reflects the leadership of the Christian politicians which led to the foundation of federation in Australia. The early Australia started as non -Christian colony but by 1901 Federation began with more Christian values than secular. The Church's influence resulted in the beginning of a new era of Australia with Christian values.

G. The direction of Methodism in Australia.

---

[47] Dr. Piggin is the Director of the Centre for the History of Christian thought and Experience, a centre fostering research into the origins and continuity of the christian tradition and into Australian Christianity at Macquarie University. See. Graham McLennan (ed), *Understanding Our Christian Heritage* Vol. A journal of the christian History Research Institute, Orange, NSW 1984. Chapter 4. the Australian Constitution.

"The Methodist Church and Social Change in Australia"

This section will be a summary of Methodism in the early Australia colony. Australia started with a penal colony "in order to remove the inconvenience which arose from the crowded state of the British gaols" (convict p.13). Australia began as a secular country. Since a chaplain, Anglican church of England sent with the first Fleets to the penal colony, their mission manifest in its governors, officers, administrators, churchmen and free settlers. Other protestant churches (and also Catholics) were forced to practise their religion in private for most of the first 30 years of settlement. With Macquarie era free churches came to Australia as part of the Mother Church in England.

In the 18 century protestant churches in England had established overseas mission organizations. They sent missionaries all over the world for evangelism. Naturally they would see a secular country, Australia, to be a good mission filed. The Wesleyan Methodist Missionary Society (WMMS) which was formed by the British Methodist Church in England between 1813 and 1818 committed to overseas mission. [48]

The Early Methodist missionaries had a vision that NSW would be the basis of mission to New Zealand, Tahiti, Tonga and Fiji and Samoa and New Guinea . etc from Asian countries. With this vision the first Australian missionary Samuel Leigh began to journey to New Zealand and the Pacific Islands. The Methodist missions to Pacific Islanders enjoyed remarkable success. The Sydney Wesley Mission Church still remains this mission tradition and has committed their mission to Pacific Islands. Tonga and Fiji speak-

---

[48] The Wesleyan Methodist Missionary Society (WMMS) originated with the District Auxiliaries - the first of which was founded in Leeds (located in West Yorrkshire, england) on 6 October 1813 - formed spontaneously for the support of overseas missionary work, without the sanction of Conference. In 1818 the Laws and Regulations of the General Wesleyan Methodist Missionary Society was fully constituted for the overseas mission.

ing congregations gather together in the Wesley Mission Church every Sunday for the service.

The Methodist Mission vision was influenced by the Pietism which was related to evangelism since the revival movement of John Wesley in 17th Century began. The early Methodist missionaries in Australia focused on individual conversions. Their primary aim was to save souls and to build the church.

Their mission in Australia stood as a testimony to their faith and their determination to succeed without government support. Because they formed their own missions they were strong and saw correctly social sin and national sin and proclaimed rightly the gospel to the people of the land.

Since Governor Lachlan Macquarie of 1810-1821 the Methodist Church in Australia has become involved in developing education. This involvement in education in schools such as Wesley Newington College, and Methodist Ladies College (MLC), Pymble Ladies College, Knocks Grammar school are famous private schools in NSW and could be an opportunity to prepare for leadership in the future of Australia. The history of these schools is more than 100 years.

The Australian Methodist Church mission reached out to 'the lower orders'- ordinary people, children, women, convicts, laborers and farmers and miners. This reaching out method brought opportunities to contribute to the enlightenment and progress in a new society of Australia's future. They were educated by the church and were led to have faith in Christ. Through these ordinary people the ideals of righteousness, equality, personal dignity and faith became the accepted Christian and moral values by which to live. We can say that the Australian Methodist church has brought many social, moral and Christian changes in the lives and practices of people, along with enlightenment.

"The Methodist Church and Social Change in Australia"

The church should be concerned with the role of the lower classes in society and make an analysis of the political – social context seeking a real society for them because the structural sins have destroyed many human rights by social injustice. Truly, the early Australian Methodist church has extended the mission and growth of the church in Australia. The Methodist Church realized the subject of the mission in Australia. They needed to reduce imperialistic consciousness of England in the Australian colony. They were made to understand the Methodist church mission in relation to the Australian nation.

In evangelism we must be aware of the custom, religions, artistic features, forms of thinking, their environment and characteristics of the people to whom we are evangelizing. Until 19th century Australian Missions were branches of denominational missionary societies originally started in Britain. This mission movement needed to be born again with the development of independent Australian mission on Australian soil and culture. Their desire was the same as the Congregational Church and the Presbyterian Churches from England. This desire helped them to prepare a new church, the Uniting Church. So the Uniting Church was born in the Australian context.

Their mission subject and object would be to the lower orders; convict, labourer, women and children, migrants and oppressed people in the Australian society. They were to influence people with visions of Jesus and to build a real advancement to Australian justice society. I would like to quote a scholar of the minjung theologians. Dr. Yong Bock Kim said that ; " when we say that the *Minjung* (oppressed people) are the subjects of history, we are not exalting them in political terms but are affirming as authentic their identification of themselves as the masters of their own history which is told in their socio-political biography."[49]

4. A New Church: The Uniting Church is Born and Multiculturalism.

A. The Development of Multiculturalism in the Australian Context.

R. M. Crawford reminds us that the history of Australia is a chapter in the history of immigration and that it was only as recently as 1870 that native born Europeans outnumbered those who had been born overseas.[50] Between 1821 and 1851, nearly three million people migrated from Great Britain. A number of government policies were implemented to assist and encourage these migrants.

The massive influx of migrants was mostly due to the gold rush in Victoria and New South Wales. At this time, a large number of immigrants from outside Britain arrive: from North America, Europe, and China. This was the first significant Asian migration to Australia, an issue which began to assume political importance from this time.

During this period the government operated the Immigration of Act of 1901. This Act introduced the offensive Natal Dictation Test which persisted until the Migration Act of 1958. it inaugurated the period of legislation known popularly as the white Australia Policy. This term was used in policy statements of the Australian Labour Party and the country party but it had no legal status.[51]

---

[49] Kim Young Bock (ed), *Minjung Theology*, Singapore, CCA 1981. P. 185.
[50] R. M. Crawford *Australia Hutchinson of Australia,* Melbourne 1970. P.13
[51] Sang Taek Lee: *New church, New land, Uniting church* Press, Melbourne, 1989. p.12

"The Methodist Church and Social Change in Australia"

After World War II Australia started receiving a large number of immigrants from Europe, especially non-English speaking counties, Greece and Italia and the Middle East, and later Asia. The need for labour which could not be obtained from Britain led to the recruitment of Europeans and once this process had begun. Because of immigration the Australian population has been formed into four main categories.

1. Aboriginal people have lived on the Australian continent for an extraordinary length of time. Jennifer Isaacs, author of *Australian Dreaming* said, " the history of mankind on the Australian continent did commence when Captain Cook first landed on the eastern coast but 40,000 years before that when the ancient predecessors of the Aboriginal people began their sea voyages [52] In Australia the Aborigines' experience remains the nation's most atrocious scandal.

2. While Australian Anglo Saxon or Celtic, English speaking migrants have not faced the same difficulties as migrants from non-English speaking backgrounds, the culture and climate can make adjustment difficult, but there is not the same trauma perhaps as for an Asian person, who not only has to learn English, but has to adapt to the whole Western way of doing things. the Anglo-Saxons settlers were seen as best and so make the core of the society. The social structure of Australia was essentially white Anglo-Saxon.

3. European, non-English speaking people; These people have usually come to fulfil a demand for labour or skill e.g. Greeks, Italians, Germans, etc. The Mediterranean settlers, largely Italian and Greeks, are useful to fill gaps in the workforce and population and the expanding needs of industry and construction created demand

---

[52] Jennifer Isaacs, *Australian Dreaming*, Lansdowne Press, Sydney 1980 p.11

for such migrant labour. Without a larger population industry could not expand.

4. Asian people: non-English speaking, differing in colour, culture and religion. In 1871, the NSW Trades and Labour council was founded, and was particularly opposed to Asian immigration. Europeans were reluctantly accepted; Asian most unwelcome. It was felt that Asians would most unlikely be integrated into the existing industrial system harmoniously.

These differences created prejudices throughout Australian society. Sang Taek Lee noted "prejudice is a result of a psychological need to feel superior to others." [53]

This meant that during the 1950s there was large increase in people with other cultures and religions. The 'White Australia' policy seemed to become less defensible as a number of academics and leaders of the churches began questioning its practicality and morality. They announced that immigrants were being unfairly treated, despite upholding Australian laws and making significant contributions to society. Many migrants and their families, particularly those who did not speak English, were also struggling to gain access to services like education and health care. Their voices meant obviously, that a new and different approach to immigrant services was needed.

In 1973 Gough Whitlam's Labour government introduced a policy of 'multiculturalism' to Australia. This led to the formation of migrant associations and advisory boards that looked specifically at issues affecting cultures and languages other than English. Further official national multicultural policies were implemented by Malcolm Fraser's Liberal government in 1978. Government documents attest to changing policies in relation to migration since World War

---

[53] Ibid Sang Taek Lee P.23.

"The Methodist Church and Social Change in Australia"

II. "Assimilation", the process of absorbing migrants into the community, was replaced by "integration" signifying a new unity. Integration", a more desirable social goal than "assimilation"[54]

Today Multiculturalism is the term generally used to describe the current policy directions in Australian society within the theme "Unity" within diversity. The Commonwealth Government has identified three dimensions of multicultural policy:[55] Cultural identity: the right of all Australians, within carefully defined limited, to express and share their individual cultural heritage, including their language and religion; Social justice: the right of all Australians to equality of treatment and opportunity, and the removal of barriers of race, ethnicity, culture, religion, language, gender or place of birth; and Economic efficiency: the need to maintain, develop and utilize effectively the skills and talents of all Australians, regardless of background.

B. Multicultural Concern in Uniting Church in Australia.

The Congregational Union of Australia, the Methodist Church of Australasia and the Presbyterian Church of Australia adopted the basis of union and became the Uniting Church in Australia on 22nd June, 1977. The UCA is the first church to be born on Australian soil.

---

[54] Ibid Sang Taek Lee P. 50.
[55] National Agenda for a Multicultural Australia from Publication, Research and Statistics Australia, July 2005.

Rev. Sang Taek Lee

The emblem of the Uniting Church in Australia shows the cross of Jesus Christ, in its light and love, standing over a darkened world - redeeming it through grace and truth. By that cross people are bound to Christ and each other. The Holy Spirit, symbolized by the dove with the wings of flame, empowers and guides us to be witnesses to Jesus Christ.

The Uniting Church realized that the Australian churches, the Methodist church, the Presbyterian Church and the Congregational Church could not keep Anglo- Celtic tradition in Australia. The Uniting Church discarded the migrant nature of its three founding denominations when it formed as an Australian church. Since that time of union Australian society has become multicultural. The Uniting Church has recognized this process and is responding to it by becoming a multicultural society. This is necessary for the Uniting Church to avoid setting up new churches in exclusively Anglo-Saxon contexts.

The three founding denominations of the Uniting Church in Australia set up the Joint commission on Church Union in 1957 which eventually proposed a basis of union which changed many times and was adopted as an 18 paragraph platform for unity. This basis expressed the intention of the founding churches and the Uniting church attitude to certain matters fundamental to its faith and life.

"The Uniting Church's beliefs are drawn for the Bible and from the Apostles' and Nicene Creeds. The church also takes heed of the Reformation Witness in the Scots Confession of Faith (1560), the Heidelberg Catechism (1563), the Westminster Confession of Faith

(1647), the Savoy Declaration (1658), and of the preaching of John Wesley in his Forty-four Sermons (1793)." [56]

It affirms the place of ongoing theological, literary, historical and scientific study. The church's Basis of Union brings together aspects of these writings and traditions and sets out the church's way of living and being. The Uniting Church constantly seeks to affirm its biblical and theological understanding that "Christians in Australia are called to bear witness to a unity of faith and life in Christ which transcends cultural and economic, national and racial boundaries."[57]

The Uniting Church is governed by a number of non-hierarchical inter-related councils that each has responsibility for various functions or roles within the denomination. The meetings of councils include: congregation (local church) Presbytery (regional level), synod (state level) and Assembly (national level). "The Uniting Church acknowledges that Christ has commanded his Church to proclaim the gospel both in words and in the two visible acts of Baptism and the Lord's Supper." [58] It baptises those who confess the Christian faith and children presented for baptism. It takes responsibility for their instruction and nourishment in the faith. It ordains those it believes God has called to be ministers of the word and deacons. It commissions lay people. It believes God has called them to be elders, lay preachers, youth workers and community ministers.

The Uniting Church is the third largest Christian denomination in Australia. It has around 2,800 congregations, 51 presbyteries and seven synods. Uniting Church members number 300,000 while 1.3

---

[56] Basis of Union, the Uniting Church in Australia.
[57] Basis of Union Para 2.
[58] Basis of Union para.6.

million Australians claim an association.[59] The church has a special ministry, through Frontier Services, to the people of the outback - some of its ministers are "patrol padres" and "flying padres." The Uniting Aboriginal and Islander Christian Congress is the Aboriginal arm of the church, with 10,000 to 15,000 Aboriginal and Islander people involved. From 5-7 per cent of Uniting Church members worship in languages other than English, in 25 different language groupings plus various Aboriginal tribal languages.[60]

The Uniting Church is a uniquely Australian denomination and seeks to share Jesus in authentic 'Aussie (Australia)' ways.[61] It was one of the first Australian churches to grant self-determination to its indigenous Australian members through the Uniting Aboriginal and Islander Christian congress. Australian Aborigines are the indigenous peoples of Australia. Partnerships also continue with South Pacific and Asian churches, especially those which share a Congregational, Presbyterian or Methodist heritage. An increasing number of ethnic churches worship in their own languages as well as in English.

The UCA has a strongly felt and argued sense of social justice. It has taken stances on issues such as native title for Indigenous people, the Environment, Apartheid, status of refugees, and provision of safe injection facilities for drug users. These stances have been expressed in practical involvement as well as in political comment and advocacy. Native title, or indigenous land rights, is a concept in the law of Australia that recognises the continued ownership of

---

[59] Multicultural Policies 1985-2004 from the report of Assembly of the Uniting Church in Australia 2008.
[60] Ibid.
[61] Read: William W. Emilsen & Susan Emilsen edited; *Making Twenty Years*; the Uniting Church in Australia 977-1997, UTC Press 1997. This book a landmark publication, essential reading for anyone seeking to understand the Uniting church in Australia.

"The Methodist Church and Social Change in Australia"

land by local Australian Aborigines or Torres Strait Islanders. We can say that these manners are spirituality of the Uniting Church.

A ex-president of the Uniting Church Dr. Jill Tabart said that Uniting Church stands[62]

1. to preach Christ the risen crucified one and confess him as Lord;
2. to bear witness to the unity of faith and life in Christ, rising above cultural, economic, national and racial boundaries;
3. to engage in a fearless prophetic ministry in relation to social evils which deny God's active will for justice and peace.
4. to act with God alongside the oppressed, the hurt, the poor;
5. to accept responsibility for the wise use and conservation of the finite resources of this earth for the benefit of all;
6. to recognize, treasure and use gifts given to all god's people for ministering
7. to live a creative, adventurous life of faith, characterized by openness and flexibility, hope and joy.

The Uniting Church is diverse, with a range of views and practices in theological and spiritual emphasis, worship style, social opinions and mission focus. A statement adopted by the Assembly of the Uniting Church in Australia, July 1985.[63] The statement would be an historical document for the direction of a multicultural ministry in the Uniting Church. This statement summarise as follows.

---

[62] Jill Tabart " What I know Now" in *Making Twenty Years* edited by William W. Emilsen & Susan Emilsen UTC 1997. Jill Tabart who was a former president of the Uniting church in Australia brought a message to the 20 years of Uniting Church' Symposium.
[63] Ibid.

Rev. Sang Taek Lee

1. The Uniting Church in Australia is a union of Congregational, Methodist and Presbyterian churches. Its unity is both the gift of God through Christ
2. The Uniting Church unites not only three former denominations, but also Christians of may cultures and ethnic origins:
3. The fourth Assembly of the Uniting Church welcomes work of governments in Australia towards multiculturalism.
4. The multicultural Uniting Church seeks to be a sign of hope within the Australian community, and particularly to those who are pushed to its fringes on racial and economic grounds.
5. Full participation and equality for ethnic churches in the councils of the Uniting Church. The ethnic and aboriginal congregations are a sign of the diversity of the cultures of the members of the Uniting Church. Opportunities should be made therefore for bilingual worship, and for fellowship across racial and cultural boundaries.
6. There is a great variety among ethnic congregations. This produces diverse relationships between such congregations and other congregations of the Uniting Church. the Assembly encourages the establishment of multicultural parishes.
7. The Assembly recognises the need for special ministerial education programs to prepare people for ministry in multicultural parishes, and ethnic congregations. For those who are to minister in multicultural parishes, sociological studies on contemporary, urban society where different cultural groups live side by side and interact, will be important.
8. All churches are welcome to join the Uniting church, but Uniting church does not wish to force its tradition upon any one. Presbyteries are encouraged, therefore, to assist ethnic congregations of other Christian traditions to provide adequate pastoral care for their people, and to obtain access to buildings suitable for their needs.

In this statement, points 1-4 introduce the basis of this statement and point 5-9 seek to implement them. This document said "the

"The Methodist Church and Social Change in Australia"

ethnic congregations are a sign of the diversity of the cultures of the members of the Uniting church ... seek the security of a congregation of their own culture and tradition." [64] Over the last 20 years Multicultural projects in the Uniting Church have achieved much in many fields of ministries, education, appointment of officers and the development of reference groups and committees. We need to celebrate the achievement of multiculturalism. [65]

Keith Rowe in his article "the Wesleyan heritage as conversation Partner of the Uniting church in a New Day" pointed out Wesley's approach to pluralism within the Christian community. In the Character of a Methodist (1742), Wesley urged that Methodist should seek no other marks of distinction than their love for all people and their adherence to 'the common, fundamental principles of Christianity" [66] Wesley had a vision of multicultural diversity in Christianity in the 17th century. We need to seek out where we are now and where we need to journey towards common goal of multicultural and cross culture for the future.

During the 1800s, European settlers brought their traditional churches to Australia. These included the Church of England (now the Anglican Church), and the Methodist, Catholic, Presbyterian, Congregationalist, Lutheran and Baptist churches. Growth in the numbers and proportions of persons of all ages affiliating with Buddhism, Islam and Hinduism are largely due to changes in the countries of origin of recent immigrants.

In the 2006 Census, Christians represented 64% of the population. Non-Christians represented about 6.2% of the population. About 30% of the population stated they had no religion or did not state

---

[64] Read, Sang Taek Lee, *New Church, New Land* p. 57-68. In this book the multicultural issue was discussed.
[65] William W. Emilsen & Susan Emilsen edited; op. cit. p47-55
[66] see, R. E Davies (ed), *The works of John Wesley*, vol 9, Nashville, Abingdon Press, 1989 p.32.

their religion. The 2006 Census recorded over 120 different religious denominations each with 250 or more followers. The religious composition of the States and Territories varies. The major religion in Australia is Christianity which includes the major denominations of Catholic, Anglican, Uniting Church, Presbyterian and Reformed, Eastern Orthodox, Baptist and Lutheran. The two major denominations, Anglican and Catholic, account for 44.5% of the Australian population. The Uniting Church is the largest of the protestant church in Australia.

The non-Christian religions represented in Australia include Judaism, Hinduism, Buddhism and Islam. As the 2006 census graph shows Buddhism is 2.1% of the total population. Islam, the second largest non-Christian religion of 1.7% of the total population and Hindus and Jews account for 0.8% and 0.5% of the total population (see the graph below).

Major Religion Affiliations 2006

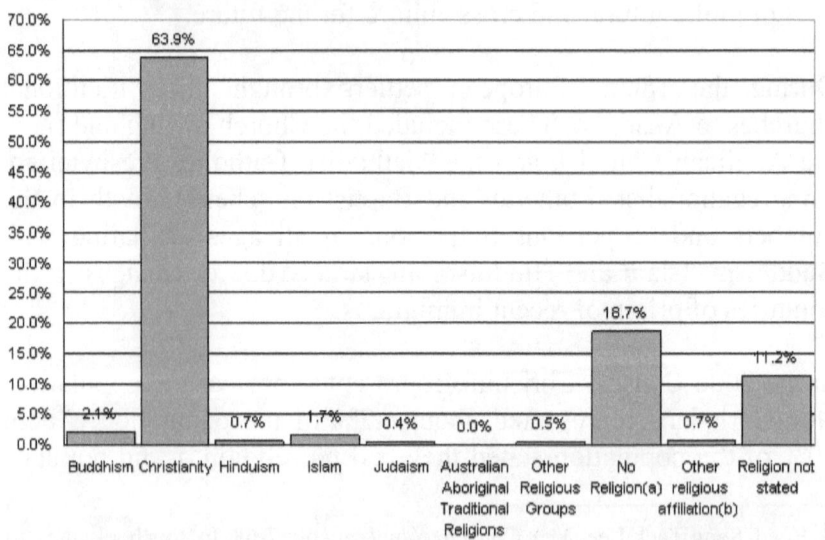

2006 Australian Bureau of Statistics Census figures. Also see *Year Book Australia, 2008*. Australian Bureau of Statistics (2008-02-07).

"The Methodist Church and Social Change in Australia"

Immigrant settlers brought their traditional religions to Australia. As the 2006 Census shows Australian society has changed religiously and culturally with the influence of the immigrants. Being a multicultural church means that we recognise that we are uniquely different in the sight of each other in many aspects of religion, beliefs and cultures and traditions. It demands a certain degree of respect and understanding of the different traditions and faiths.

We consider further the aspects as follows:

1. Multiculturalism will be adopted as theological curriculum at the United Theological College of the Uniting Church. When the fifth Assembly adapted the statement called "the Uniting Church is multiculturalism" in 1985. There were 50 ethnic congregations. Since then ethnic congregations have grown to twice these numbers. There are one hundred congregations and many fellowship groups from 21 countries. Theories and application of Multiculturalism will be taught at UTC as part of the curriculum. There are about 300 Korean ethnic churches in Sydney. 13 ministers who were ordained by the Korean Methodist Church working in the Uniting Church and there are 12 Methodist ministers as the members of Pacific District of the Korean Methodist Church in Australia. Ethnic churches will continue to grow and care for Korean migrants in Australia.

2. Multicultural ministry will expand to the community of the Uniting Church. When I was in the NSW country side, Orange and Dubbo, I experienced country life and as well as city life. Country people do not have much understanding of Ethnic people and multiculturalism. So UCA policy of multicultural ministry must expand into country areas. It needs to cross the city boundaries and flow into the country town.

3. The Uniting Church as a multicultural church will be able to share cultural richness, church properties and resources as well as opportunity of equal participation in decision making. A multicultural church will be a sign of the kingdom of God to reveal the peace, love and justice of God when we share our benefits.

3. A national network system will be developed. Multiculturalism is a big subject. We need to have a network system with government, other denominations, schools and social groups. We need to work together to improve the multicultural society.

4. A multicultural church will understand others religious traditions and their beliefs and the need to communicate with other religious people in Australian society. A multicultural Church will be a sign of peace and reconciliation within the community that shares the message of Gospel with others and serve the people of the community.

In 2006 Christmas we experienced the Cronulla riots. Many Middle Eastern people have a strong sense of isolation and not belonging to this society. Some of their second generation have become a big problem as they do not know how to fit into either culture. Some of Australian young people have not been educated in how to deal with multiculturalism. The two races try to dominate as one another.

The Churches in this area, Cronulla in the Sutherland Shire in Sydney have not enough cultural programs, Ethnic and Australians have not had opportunities to experience other cultures and living together. That is the problem. We need to develop a net work system to improve the multicultural society.The Multiculturalism has a dark side which is today prejudice, racism, segregation, ghettos and lack of understand to other faith, cultures and traditions.

"The Methodist Church and Social Change in Australia"

Ideally, Justice means those who have, share their benefits with marginalized people in society. Jesus helped the marginalized people to share God's grace and to be part of his Kingdom. We need to follow Jesus model for building Justice. Moltman says the church can be recognized in the ministry of Jesus which he describes as healing the sick and driving out demons, setting at liberty those in prison and giving sight to the blind, the hunger for righteousness and the liberation of the oppressed.[67]

A multicultural attitude is not static but it is an openness which is able to adjust to the change of our time and life. Culture and tradition in Anglo Celtic, Ethnic and Indigenous people will be transformed to the newness in the work of the Holy Spirit. The Holy Spirit calls us to ongoing reformation and renewal in Christ. We need to change our churches, which are still patriarchal, hierarchical, and almost exclusively ethnocentric.

5. Culture and its relationship to Church.

One of characteristics of Australian culture is the word 'mateship'.
'Mateship' is a concept that can be traced back to early colonial times. The harsh environment in which convicts and new settlers found themselves meant that men and women closely relied on each other for all minds of help. Alexander Harris wrote of the relationship between male pastoral workers in the early days of the British colony: "working together in the otherwise solitary bush; habits of mutual helpfulness arise, and these elicit gratitude, and that leads on to regard." [68]

---

[67] Jurgen Moltamn, *The church in the Power of the Spirit,* Harper & Row, New York, 1975, p. 6-7.
[68] Alexander Harris, *Settlers and Convicts*, Melbourne University 1977. As in his earlier journalism and in Settlers and Convicts he shows great abhorrence of convict flogging, interest in the Aboriginals and in particular in the Myall

Rev. Sang Taek Lee

In Australia, a 'mate' is more than just a friend. It's a term that implies a sense of shared experience, mutual respect and unconditional assistance. It is a term frequently used to describe the relationship between men during times of challenge. This spirit of mateship bloomed in the ANZACs (the Australian and New Zealand Army Corps) confrontation with Turkey. The slang term 'digger' (soldiers) re-surfaced during the First World War when Australian and New Zealand soldiers (ANZACs), ascribed it to themselves and their mates as a term of affection, arguably due to the trench-digging aspect of the war.

A. G Butker said 'Digger' and 'dig' were used by soldiers as friendly terms of address equivalent to 'cobber' and 'mate' ... The term has tended to be defined in high-value laden ways ... 'a man for whom freedom, comradeship, a wide tolerance, and a strong sense of the innate worth of man, count for more than all the kingdoms of the world, and the glory in them.' [69]

ANZAC Day (25 April) is the most important national day of commemoration for Australians. It marks the anniversary of the first major military action fought by Australian and New Zealand forces during the First World War. ANZAC stands for Australian and New Zealand Army Corps. They landed at Gallipoli on 25 April, meeting fierce resistance from the Turkish defenders. At the end of 1915 the allied forces were evacuated after both sides had suffered heavy casualties and endured great hardships. Over 8,000

Creek massacre of 1838, and says he organized a petition for the reprieve of the stockmen sentenced to death for it. This led to the discovery of A. Harris as 112th in 227 names of signatories in a copy of one of several petitions, which possibly indicates that, although he did not organize the petition, he had achieved some respectability and was using his own name..

[69] A G Butler, "The Digger: a Study in Democracy, 1945" in *The Oxford Companion to Australian Military History*, Edition by Peter Dennis, Jeffrey Grey with others, Publisher OUP Australia and New Zealand, 1995. p 213.

"The Methodist Church and Social Change in Australia"

Australian soldiers were killed. 25 April became the ANZAC day on which Australians remembered the sacrifice of those who had died in war.

Simpson and his Donkey are a key part of the 'Anzac legend'. He obtained a donkey and began carrying wounded soldiers from the frontline to the beach.

I visited Anzac cove at Gallipoli in Turkey where there was the war museum. I found pictures, soldiers uniforms, guns, canon shells, letters written by Australian soldiers to their mothers. They said, "yesterday we received war parcels with ANZAC biscuit and warm knitted socks etc. We do not know what tomorrow we will bring please pray for us." In the Australian war cemetery. We found many 17 year old to 19 year old soldiers' graves. They were so young. ANZAC cove, the Australian ships arrived in Anzac cove.

Turkey now has a very good relationship with Australia. The president of turkey wrote this poem on the memorial stone.

"The ANZAC Memorial Poem"

Rev. Sang Taek Lee

Those heroes that shed their blood
And lost their lives.
You are now lying in the soil of a friendly country.
Therefore, rest in peace.
There is no difference between the Jonnies and the Mehemets to us
where they lie side by side,
Here in this country of ours.
You, the mothers, who sent their sons from far away countries.
Wipe away your tears;
Your sons are now lying in our bosom and are in peace.
After having lost their lives on this land, they have become our
sons ,as well.
From Ataturk 1934 (The Founder of Turkish Republic).

The spirit of Mateship has been part of the Australian culture. Bill Gammage concluded in his study of ANZAC soldiers mateship was a particular Australian virtue, a cread, almost a religion. [70] The experience of mateship has been recreated in countless movies, books and documentaries each presenting the concept of mateship during war in different ways as part of an Australian culture.

In the gold rushes of the nineteenth century the spirit of Mateship continued to develop among the gold miners who came from many countries. The goldfields were frontier societies, where an unusual mix of men and women came together. The heritage of the gold-fields was one of mateship and egalitarianism.

---

[70] Bill Gammage, a study of ANZAC soldiers in *The Broken Years - Australian Soldiers in the Great War*, Penguin, 1974. Using the diaries and letters of a thousand Australian soldiers, Bill Gammage reconstructs with great sensitivity the valour and the tragedy of their experience. Through it he shows how and why the Great War was to have profound effects on the attitudes and ideals of Australia as a nation.

"The Methodist Church and Social Change in Australia"

Lawson was first published in *The Bulletin* in 1887 with the poem song of Australia. *The Bulletin* was an influential publication which promoted a particular set of views - egalitarianism, unionism, and 'Australianism'.[71]

Henry Lawson wrote in his poem the Shearers:

No church-bell rings them from the Track,
No pulpit lights their blindness?
'Tis hardship, drought and homelessness
That teach those Bushmen kindness:
The mateship born of barren lands,
Of toil and thirst and danger?
The camp-fare for the stranger set,
The first place to the stranger.
They do the best they can to-day?
Take no thought of the morrow;
Their way is not the old-world way?
They live to lend and borrow.
When shearing's done and cheque's gone wrong,
They call it "time to slither"?
They saddle up and say "So-long!"
And ride? The Lord knows whither.

The spirit of Mateship was grounded in the writers like Henry Lawson and Banjo Paterson and continued with Gallipoli and the Second World War to Australian social daily life and practice.

---

[71] By the 1890s Australia had been settled for a little more than 100 years and Lawson was arguably the first Australian-born writer who really looked at Australia with Australian eyes, not influenced by his knowledge of other landscapes. He was the first perhaps to give voice to interpretations of an 'Australian' character. The *Shearers* was first published in 1901.

Whatever terminology we use, the values of equality, mateship and egalitarianism are an actual characteristic of Australian culture. Australian ideals of mateship and egalitarianism have been represented to the Australia's national identity through an Australian history. Being Australian also means acknowledging the great local creed of egalitarian mateship. Mateship means lending a helping hand and looking out for others. Australia now becomes a multicultural nation. Indigenous Australians have 40,000 years of history. It means relating to all people, men and women, Aborigines and migrants, as equals and not according to the caste and class distinctions more characteristic of the old world.

Being Australian now also recognises that migrants are equal to white Australians and should be able to participate in our society to the fullest. It is something to celebrate and something that brings profound cultural, social and economic benefits. It will be important for the churches to examine their spiritual leadership style in the terms of egalitarian mateship. The Australian sociological context may be represented by the concept of egalitarianism. Because of the egalitarian influence in Australian culture, Australians are down to earth people who tend to be anti bureaucratic and opposed to Authority.

B. Australian Culture and Its Influence on the Uniting Church Structure.

The Australian sociological context may be represented by the concept of egalitarianism. The egalitarian manner of Australian culture caused the Uniting Church in Australia to be structured in an egalitarian manner which opposes bureaucratic and Authoritarian attitudes.

"The Methodist Church and Social Change in Australia"

Uniting Church government is to be 'an act of ministry'[72] rather than an institution and all members share in this role although there are those in particular who are called to hold office to serve the church. Their purpose is to seek the will of God concerning the church, rather than their own will or the will of the people. The leaders are to be firstly God's stewards then the people's representative. Neither is the church hierarchal.

One major difference between the Uniting Church and Korean Church government system is in the parish system. A Parish is a congregation or group of congregations recognized as a local pastoral and administrative unit within the Uniting Church. Parish has a parish council. Each parish council is the assist each member of the congregation to fulfill its responsibilities. It is important to remember that the elders meeting is not responsible to parish council. Although in the Korean church the elders are responsible for administration, in the UCA the parish council takes care of administration, property and finance. The elders and their council are responsible for pastoral care, education, mission and worship. The two councils thus have different areas of Authority. One council is not more important or powerful than the other. They are simply different.

This system gives more people the opportunity to serve than the Korean Church. In the Korean church, there is a small elders council which rules and has great authority. The elders concentrate on administration and it is the task of the rest of the church to act upon their decisions. This enables many more people to be involved in decisions. This enables the sharing of gifts and cooperation together. It is a much more egalitarian system.

---

[72] Wood D'arcy , *Building on a solid basis*, a guide to the basis of union, Melbourne ;Uniting Church Press 1986. p. 52.

There are five levels of councils within the UCA. Two are local church levels, the congregation and the parish. The three wider levels are the presbytery (Regional Council), Synod (State Council) and Assembly (National Council). A Parish is a congregation or group of congregations recognized as local pastoral and administrative within the UCA. Parishes are formed to provide a support system at a local level through the cooperation of a few congregations.

Members of each parish will be chosen by election from confirmed members and church council membership for no more than 5 years. Each member of the council and staffs have a limited term of service. This system ensures that only those who are faithful in service continue to hold office. Those who fail to use their gifts can be removed, whilst other people can then be given an opportunity to serve on the council. The system promotes an egalitarian form of government.

The minister is a member or officiate. The chairperson of the parish council, or congregation and council of elders can be any members of the councils. It is not restricted to elders or ministers. The UCA has an elder system. Rev. Tanner comments; " It is important to remember that every ministry in the church is a shared ministry. While there must be authority in the church, there is not status in the sense that some ministries are superior to others." [73] The elder's role of rule and oversight does not imply an authoritarian stance in relation to the congregation, but a partnership and a mutual service to one another so that the whole body of the congregation may be better equipped to serve. The sharing of equal ministries encourages non-authoritarian approach to leadership. The Uniting church has not a system of ordained deacons, senior deacons an temporary deacons.

---

[73] Ian B. Tanner, *A Handbook for elders within the Uniting Church in Australia*, Uniting Church press, Melbourne, 1984, p.43

"The Methodist Church and Social Change in Australia"

In the Korean system, ordination is for life. This means that the power is held by very few but UCA gives not ordination to the lay leaders but has an appointed system.

The minister replacement of UCA is the 10 year system. A minister placement is not for his whole life time in a church. They are called to other churches after they finish 5 or 10 years ministry in a local church by the law of the Uniting Church. This system is also a part of Australian cultural influence. The elements of culture have influenced the development of church life. Korean and Australian cultures are different from each other and these different characteristics and cultures have created different churches to develop.

C. Cultural Influences That Have Developed The Structure of the Korean Church.

The Korean sociological context may be represented by the concept of Authoritarianism. This ideal developed under the Yi Dynasty controlled Korea with Confucianism. For the 500 years the Yi Dynasty ruled Korea with Confucianism. At the end of this dynasty Christianity came to Korea brought by American missionaries who settled on this soil. Until recently, the Korean society has been influenced predominantly by Confucian characteristics. It conditioned and influenced the Presbyterian and the Methodist Churches in Korea to be structured in an authoritarian way. When Koreans began to migrate to Australia, they carried with them Confucian characteristics. The Confucian system was based on ...subject to King, children to father, wife to husband, younger to older. This relationship retained respect and obedience in the social order. This social system extended to authoritarian or hierarchy in Korean culture.[74]

1. Authoritarianism and Hierarchy in Koran society

This order of the family system is linked to the idea of respectful obedience. In Confucian system the family relationships do not display equality but are based upon a class system: grandfather and father; father and sons; older brother and younger brother, husband and wife. These principles have caused much conflict between the generations.
This system extends into the public society level which also is hierarchical. The family system emphasizes the father as the centre of the family. He has the authority and controls the family. The father has absolute authority and the children have to obey.

These ideas can be illustrated by a number of examples. A six level system (royal family, scholars, officers, peasants, merchants and servants) from the royal to lowest class developed under the Yi Dynasty. Royalty dominated all levels of society.

2. Authoritarianism and its influences on the Korean Church.

I ministered in the Strathfield Korean church in Sydney for many years and now have ministered to an Anglo Uniting Church for 10 years.I am enjoying this new ministry with my members. It has been an interesting experience with both cultures. Culture has conditioned and influenced the development of the church structure in society.Authoritarianism in Korean culture influenced by the Pres-

---

[74] Jae Suk Choi, *The Social Character of Korea,* Ka Mun Sa, Seoul, Korea, 1970, p.74. and also read, Sang Taek Lee, New Church, New Land, p.45-51

"The Methodist Church and Social Change in Australia"

byterians and Methodist churches in Korea caused it to be structured in an Authoritarian manner.

The egalitarian influence in Australia has conditioned the Uniting Church in Australia to be anti-bureaucratic (bureaucracy) and opposed to Authoritarianism. The elements of culture have influenced the structure of the church life. The christian church in Korea has adopted many elements of Korean thinking into its structure.

For example, the staff system of the church reflects elements of this culture. This can be seen when we look at the relationships between ministers, elders and laymen. They are like the three basic human relationships; sovereign and subject; father and son; husband and wife. Ministers and elders always want to rule the congregation and laymen. Laymen themselves are the bottom of the church and obey the officers of the hierarchy and divided by classes. There are many classes: minister, elders, ordained deacons, senior deacons and temporary deacons. Women can only fill the latter two offices.

The council of elders has all the authority over the deacons meeting. All the decision making rests in the hands of the few elders and the minister. In this situation individual authority is emphasized above committees and the sharing of power. The Korean people brought their culture with them when they migrate to Australia. Therefore, the Korean church in Australia retains the nature of the church in Korea. There was no evaluation of the Australian context before churches were established. Therefore the church structure in Australia is also hierarchical in structure and authoritarian in nature.

The traditional character of the Korean church is hierarchical and authoritarian. With this in mind, the structure of Korean church will be understood. It means that the Korean ethic church has been influenced by Korean culture to create an hierarchical church structure, which tends to run counter to the role of the church as a servant. Servanthood must be the role of the church. Especially the ethnic structure must reflect servanthood.

When I came to the Uniting Church the Nominating committee asked me what was my style of leadership for the church. I discussed leadership for long hours with them. I was trained by the Korean church for a long period and the Korean type of ministry was familiar to me. While I am ministering it has been difficult to share the leadership in preaching, chairmanship and decision making as a member of committee but not the leader or chairman. I felt like one of the parishioners and not the minister. I have shared preaching with my lay preachers, which made me feel strange and unsatisfying when I was not conducting the service.

Spiritual life of the church has been given to us as a gift by the Holy Spirit but the characteristic of the gifts grow or flourish in a special church context in society. There are some particular characteristic of the Korean church in spiritual life. There are strength for the Korean church as follows:

1. Practices of a devotional discipline life such as no alcoholic drink, fasting prayer and dawn prayer meetings. The Korean church focused on the suffering Christ on the cross. This devotional life grew under the national sufferings of the Japanese occupation for 36 years. Our religious practices in Buddhism and Confucianism were transformed when people converted to Christianity.
2. Each person evangelized one person per year. They have a strong vision of the evangelism.
3. They strongly commit themselves to a financial stewardship life.
4. They are strongly committed to regular Sunday worship

"The Methodist Church and Social Change in Australia"

    5. They have developed strong system of home worship and care called 'home church'. The bible studies are one of the strong characteristics.

We can have input into the spiritual attitude of the Uniting Church as we develop the relationships with the Uniting Church of Australia. When I started in our church at Lugarno Uniting Church the spiritual life of this church was not very different from the Korean Church. Hymns, bible, worship and the member's desire to grow in their spiritual life. People looking to find God in their life. Their spiritual language seems to me more beautiful expressive and poetic. There is an example for programs in Lugarno Peakhurst UCA.

1. Stewardship program: they asked me to develop a financial program. I
developed this program with the church council. They said that it was a touchy subject to talk about.
2. Share Jesus mission: I want to encourage the evangelism to win souls. I had a good chance to share management with presbytery. We accepted this program and worked together.
3. Cluster support group: Caring system is very important. We are developing this program. Prayer chain and use prayer topics shown on the notice sheet and pray for these topics during our weekly worship. We have monthly prayer time. In this time we find what the church needs, wishes and topics were, and concentrate on these in our prayers.
4. The Uniting Church has many types of bible study. For 10 weeks the church organizes a bible study period and encourage members to join this study. For ten weeks the minister preaches on the topics in the bible study and leaders of the bible study teach the text in night time groups.

We can have input our spiritual life with the Australian Church. These things can not happen quickly. Great care, patience, discussion, tolerance and time is needed. It is different from the Korean church style. We are Korean in Australia and we are Australian in Australia; Korean-Australian. The integration of the ethnic churches into the Uniting Church in Australia symbolizes the nature of God's Kingdom, where there is no distinction between races.

God calls us through the Uniting Church, to build Jesus' Kingdom "as a sign of hope within the Australian community. We continue to work Jesus ministry for all those who need spiritually and socially our support in Australia. God has called migrant churches to Australia to further his purposes. He can use them to contribute to Australian society in general and the UCA in particular. For this reason we should celebrate the multicultural society which God has brought into being.

Conclusion.

We have looked at the Methodist Church influence in Australian Society. The Methodist Church influenced the social formation of Australia.The Methodist church has involved the Australian dreams and hopes to build a new society in the new land. The Methodist Church, later coming and becoming a member of the Uniting Church has helped people and shared their dreams that Australians seek a better just nation.

The New Methodist Church, the Uniting Church has recognised the need for special mission to prepare people for building the Kingdom of God in socio –political and multicultural context. The church historically has supported them with the vision of the gospel. The church has heard that the Gospel speaks with direct relevance to situations of political oppression and economic exploitation. An awareness of what is happening at the points of interaction between different racial and cultural groups in Australia will be essential for ministry.

"The Methodist Church and Social Change in Australia"

In the Multicultural society the Multicultural Uniting Church seeks to be a sign of hope within the Australian community and particularly to those who are pushed to its fringes on racial and economic grounds. The church, as God's faithful servant will be a sign of the Kingdom of God in Australia and lead the nation with millennial dreams and hopes for their Advancement in their society. This is going to be the fulfilment of the millennial hope as the sign of the kingdom of God in Australia.

Rev. Jeong Whan Lee

Chapter 8:
"웰링턴 한인 감리교회의 실패에 희망으로 응답하며"
이정환 (웰링턴 좋은 교회[1] 담임목사)

1. 들어서는 글

웰링턴 한인 감리교회의 지난 9 년 간 목회경험을 이곳에 기록하여, 앞으로의 목회에 경계를 삼으려 한다. 웰링턴은 뉴질랜드의 수도로서 전 세계 대사관과 관공서가 밀집해 있는 다문화 도시이다. 정치 교육 경제 문화 사회 등 각 분야에서 뉴질랜드의 중심이다. 2007 년 현재 웰링턴 인구는 19 만명, 가까운 주변 도시까지 46 만명이며, 2006 년 통계에 따르면 한국 교민수는 1,320 명이다. 웰링턴은 뉴질랜드 한인 역사가 시작된 곳이며, 동시에, 뉴질랜드 최초의 한인 신앙 공동체가 태동하면서 한국 감리교회의 복음의 씨앗이 떨어진 토양이기도 하다.

---

[1] 웰링턴 한인 감리교회는 지난 2008 년 5 월 29 일 교회의 이름을 웰링턴 좋은 교회로 바꾸었다.

"Wellington Korean Methodist Church's
Failure Answered in Hope" (Korean)

2. 웰링턴 한인 감리교회의 설립

1999년대 후반, 웰링턴 한국 교민들의 요청에 응답한 결과가 웰링턴 한인 감리교회의 설립이었다. 감리교회의 개척을 준비하면서, 뉴질랜드 감리교단의 웰링턴 지방회는 물론 웰링턴에 기존한 한인 장로 교회와 한인 순복음 교회와 한인 가톨릭 공동체와 웰링턴에 소재한 뉴질랜드 한국 교민회 등과 협력하여 웰링턴 지역의 모든 교회와 단체들의 동의를 이끌어 내었다. 설립 당시, 기존 교회의 교인들 중에서 교회를 옮겨 등록한 교인은 단 한 명도 없는 개척교회로 설립하였다. '웰링턴 한인 감리교회'의 개척예배에는 교파와 종교를 초월하여 당시 웰링턴 교민숫자의 1/3 을 상회하는 교민이 함께 하였다.

교민 사회의 요청

1990년대를 지나면서, 웰링턴의 교회들은 급격한 교민 사회 변화에 응답하여야 하였다. 뉴질랜드 최초의 한국 교민회관의 구입과 새로운 교민의 유입 등 눈에 보이는 변화는, 그 변화 속에 이미 자리잡고 있는 교회들에게 "변화에 응답"할 것을 요청하였다. "이전에는 전혀 경험하지 못한 새로운 교민사회와 새로운 삶에 대한 교회의 이해는 무엇인가? 교회는 어떻게 응답할 것인가?" 하는 질문이었다. 그만큼 교회는 웰링턴 교민 사회의 구체적인 삶에 영향력을 주는 중심 위치에 있었다. 당시 웰링턴 한인 기독교인의 인구 비율은 비기독교인과 대비하여 70% 이상을 차지할 정도로 높았다.

교회 자체의 요청

Rev. Jeong Whan Lee

교회 내부에서도 교회의 사회적 역할과 존재의 의미를 묻는 요청이 있었다. 첫째는, 성경에서 가르치는 말씀을 웰링턴의 실제 생활에 적용하고 실천하려는 청년들의 요청이 있었다. 낯선 나라에서의 새로운 삶은 이민자들과 유학생들 모두에게 쉽게 적응하거나 쉽게 극복할 수 있는 문제가 아니었다. 둘째는, 변화하는 교민 사회의 필요와 요청에 응답하는 교회의 다양한 응답이 뒤따랐다. 응답이 다양한 만큼 그 응답들 사이에서는 충돌과 긴장이 있었다. 자연스럽게 합의된 응답을 이끌어내기 위하여 교회의 본질에 대한 질문이 시작되었다. 셋째는, 기독교인들 사이의 갈등 문제를 수용할 새로운 교회의 모델과 새로운 목회자의 모델에 대한 요청이 있었다. 교회 내부의 긴장을 가져온 다양한 요청과 응답과 해결방법은, 주로, 교회 구성원들이 이미 경험하여 체득하고 있는 다양한 한국과 뉴질랜드의 교회생활 경험에서 왔다. 서로 다른 교단과 서로 다른 교회의 신앙경험 때문이었다. 서로 다른 교회의 전통과 교회생활 방식 등이 한인 교회에 이식되고 적용되는 과정에서 시작한 요청이었다.

'웰링턴 한인 감리교회'의 응답

뉴질랜드에서 최초로 설립된 '웰링턴 한인 연합교회'의 창립연도가 1984 년 3 월 11 일인 것을 보면, 뉴질랜드 이민 교회의 역사는 짧다. 더군다나, 최초의 한인 교회는 창립한 다음 해에 2 년이 되지 않아 역사 속에서 사라지고, 웰링턴에는 '웰링턴 한인 교회'가 새롭게 창립되었다. 그에 대한 평가는 후세에게 맡긴다. 다만, '웰링턴 한인 감리교회'가 설립된 2000 년 1 월 1 일은, 1990 년대를 지나면서 갑자기 늘어난 새로운 이민세대와 웰링턴의 교민사회가 다양한 변화를 계속하면서 뉴질랜드 최초의 교민회관을 구입하던 바로 그 정점이었다. 1999 년 11 월 18 일 뉴질랜드 최초의 한국

"Wellington Korean Methodist Church's Failure Answered in Hope" (Korean)

교민회관 개관식을 마친 뒤에, 그 회관을 최초로 사용한 기관이 '웰링턴 한인 감리교회'였던 것이 우연한 일은 아닌 것이다.

'나이오 연합 교회'와의 관계

개척부터 동반자인 '나이오 연합 교회'는 장로교회와 감리교회가 함께 연합한 뉴질랜드 현지인 교회이다. '웰링턴 한인 감리교회'의 담임목사인 이정환과 기독교 대한 감리회 서울남연회 남태평양 지방회의 감리사 이상진과 뉴질랜드 감리교회 웰링턴 지방회의 감리사인 바리 죤스와 '나이오 연합 교회'의 담임목사인 죠안 로스와 일레인 볼리토가 협력관계를 구체화하였다. '웰링턴 한인 감리교회'는 '나이오 연합 교회'를 매 주일 오후와 매일 새벽에 임대하여 모든 교회의 시설을 자유롭게 사용하고 있다. 형식은 임대이지만, 교회의 열쇠를 전달하는 예식에서 "하나님의 같은 자녀로서 '나이오 연합 교회'와 '웰링턴 한인 감리교회'는 이곳에 있다" 하는 선언을 하였다.

3. 웰링턴 한인 감리교회의 희망

'웰링턴 한인 감리교회'의 꿈(Vison)은, "다른 교회들과 협력하는 예수 그리스도의 한 지체로서, 성경과 웨슬리의 전통을 따르며 예수 그리스도의 사랑을 함께 실천하는 교회"로 성장하는 것이다. 개척 초기부터 "혹시, 서로 간에 의견이 다를지라도, 배척하지 말고 서로 협력해야 한다"는 신앙 전통을 형성하기 위하여 노력하였다.

'웰링턴 한인 감리교회'에서는, 개인의 기도생활이나 믿음의 성장보다도 더 중요한 것이, 이웃과 협력하는 거룩한

Rev. Jeong Whan Lee

신앙생활이라고 배우고 가르치는 교회교육을 실시한다. 교파를 초월하여 그리스도 교회의 한 몸을 이루는 다른 교회들에게 더 잘하는 것과 더 은혜로운 신앙생활이 있다는 것을 인정하고 존중하는 교회교육이다.

교회생활에서 무엇보다도 중요한 것은, 예수 그리스도의 말씀을 따라서 "실천"을 강조하는 것이다. 성경과 웨슬리의 전통을 따라서, 성경 말씀을 일상생활에 실천하지 않는 삶은 모래 위에 집을 짓는 것과 같다고 고백하는 것이다. 그에 따른 실천 사항은, 쉽고 단순하고 구체적이다. 첫째, "칭찬하기(마태복음 5:13,14)", 둘째, "감사하기(요한복음 6:9,11)", 셋째, "인사하기(마태복음 10:12)"이다. 이 세 가지 실천 사항은, 예수 공생애 전체에 걸친 예수의 삶의 방식이며 가르침이다.

개척 이후로 지난 9 년 동안의 교회활동을 정리하면 다음과 같다. 첫째, 하나님께 예배드리고 주일 점심을 함께 나누는 일, 둘째, 한 주에 한 번은 속회에 참석하여 행실과 생활경험을 나누는 일, 셋째, 그리스도의 사랑을 실천하는 공동체로서 남을 위해 봉사하는 일, 넷째, 좀더 부족한 사람에게 관심을 기울이며 그들과 친구가 되도록 노력하는 일, 다섯째, 자신의 부족함을 인정하고 이웃과 함께 일하도록 노력하는 일, 여섯째, 자연환경을 보존하고 아끼는 선택을 하는 일, 일곱째, 성경의 가르침을 따라서 칭찬받는 교회를 세우는 일이다.

지역 신문과 라디오 방송

개척하여 교회활동을 계속한 8 개월 뒤에는, 웰링턴 "인디펜던트 헤럴드(Independent Herald)" 2000 년 8 월 22 일자 지역 신문에 "웰링턴 나이오 마을에 자리잡은 한국인 교회과

"Wellington Korean Methodist Church's
Failure Answered in Hope" (Korean)

지역 사회의 관계"를 소개하는 기사가 실렸으며, 뉴질랜드 감리교단의 교단지 "컨넥션스(Connexions)" 2000 년 8 월 호에는 "웰링턴 한인 감리교회가 나이오 교회 연합교회와 함께 성장하는 모습"을 소개하는 머리기사가 실렸다. 웰링턴의 또 다른 지역 신문 "시티 라이프(City Life)" 2008 년 5 월 1 일자에는 "음악으로 지역사회와 함께하는 한인교회"로서 소개되기도 하였다. 이같이 계속되는 교회활동은, '웰링턴 한인 감리교회'가 한인 사회는 물론 웰링턴 현지인 사회에서도 영향력이 있는 교회로 발돋움하는 모습을 보여준다.

개척 초기부터 오클랜드 지방 한인 라디오 방송국을 통하여 웰링턴 소식을 전하였다. 교민 사회의 규모가 적은 웰링턴으로서는 한국 라디오 방송을 청취하는 수요가 적었던 까닭이다. 하지만, 2002 년부터 2003 년에는 웰링턴 라디오 783 AM 을 통하여 매주 토요일 정오 12 시에 30 분 동안 한국말 방송을 송출하였다. 교회 소식은 물론 뉴질랜드와 웰링턴 교민 소식을 함께 전하는 음악 방송이였는데, 학생부와 청년부를 중심으로 뉴스와 웰링턴 생활정보를 수집하고 방송 원고를 작성하여 매주 30 분 동안 라디오 방송국을 직접 운영하는 방식이었다. 방송 전문 기자재를 다루는 기술을 배우고 방송에 필요한 모든 과정을 직접 계획하고 운영하면서, 웰링턴의 한국말 라디오 방송의 가능성을 실험하는 시험방송 성격이 강했다.

웰링턴 교회 연합 운동

2000 년 10 월 8 일에 '뉴질랜드 새교회(장로교회)'와 연합하였다. '웰링턴 한인 감리교회' 이름을 계속 사용하기로 하고, '뉴질랜드 새교회'의 목회방침을 대부분 따르기로

하면서, 세부사항들은 연합한 뒤에 조정하기로 하였다. 하지만, '뉴질랜드 새교회'의 목회자가 다른 지역으로 이동함에 따라서, 새롭게 연합한 '웰링턴 한인 감리교회'는, 기독교 대한 감리회의 "교리와 장정"에 따라서 교회의 구조를 재조정하였다.

웰링턴에 소재한 한인 개신교회는, 4 개 교회가 있다. '웰링턴 한인 감리교회', '웰링턴 한인 순복음 교회', '웰링턴 시온성 교회(장로교회)', '웰링턴 한인교회(장로교회)' 등 4 개 교회이다. 개척 당시부터 교회 연합 활동을 꿈꾸던 '웰링턴 한인 감리교회'는, 웰링턴 목회자 모임의 초석을 놓았고, 2008 년 현재까지 매 주 월요일에 4 개 교회 목회자 부부가 함께 모여 친교한다. 한국말 "크리스천 라이프" 기독교 신문 2007 년 72 호에는 연합하는 웰링턴 목회자들의 좌담이 특집으로 실리기도 하였다. 또한 목회자 모임에서 협의한 결과로 웰링턴 4 개 교회는, 격 월로 연합 기도회로 모여서 함께 기도하면서 연합한다.

'웰링턴 한인 감리교회'는 이민 교회의 특성을 활용하여, 때때로, 다민족 연합 예배를 드린다. 현지인 교회와 영어와 한국말로 "연합 예배"를 드리고, "나이오 마을 예술 축제"와 "부활절 음악 예배"와 "성탄 캐롤 예배"등 각종 행사를 주관하거나 함께 참여하고, 2 시간 이내의 지방 교회와의 연합행사를 계획하여 추진하는 등 이웃교회는 물론 지역 사회 공동체와 연합에 힘쓰고 있다.

음악회와 각종 발행물

'웰링턴 한인 감리교회'는 음악교회로도 알려졌다. 매 주일 예배에는 연주할 수 있는 모든 악기를 동원하여 작은

"Wellington Korean Methodist Church's Failure Answered in Hope" (Korean)

오케스트라를 운영한다. 어떤 수준에 있는 연주인이든지 함께 예배음악에서 연주하기 시작하면, 매 주일 예배에서 연주하는 동안에 실력이 향상되어 수준있는 연주회에 참여할 수 있게 되는 방식이다. 연주인들은 "나이오 마을 성탄캐롤 축제" "웰링턴 교회연합 부활절 칸타타" "나이오 웰링턴 예술 축제" "웰링턴 음악회" 등 무대에서 연주하게 된다.

개척한 뒤에 발행한 각종 발행물들은 간단히 읽을 수 있는 소책자의 형식으로 발행하여 전도지를 대신하여 사용하였다. 주일 설교 요약을 실은 "웰링턴 한인 감리교회 이야기(1 권, 2 권)", 신약성경을 1 년동안 매일 묵상할 수 있도록 정리한 "온 세계와 함께 읽는 오늘의 말씀묵상(전 52 권)", 교회 생활을 안내하는 "단숨에 읽는 웰링턴 한인 감리교회", 성경말씀을 웰링턴 생활을 배경으로 묵상하는 사진 묵상집 "Good Morning Wellington 아침 성경" 등이다. "제자들"이라는 제목으로 발행하는 주일 주보는 초기에는 28 쪽으로 발행하여 매 주일 성경공부 교재로 사용하기도 하였고, 16 쪽으로 발행하여 매 주일 설교에 사용한 성경을 일주일로 나누어 묵상하는 성경묵상 자료로 사용하기도 하였으나, 현재는 8 쪽으로 축소하여 교회와 웰링턴 사진을 주일 설교와 함께 싣는 형식으로 발행하고 있다.

4. 웰링턴 한인 감리교회의 실패

개척 이후 지난 9 년 동안의 한결같은 목회 희망과 활동에도 불구하고, '웰링턴 한인 감리교회'는 여전히 웰링턴 한인 사회에 4% 정도의 영향력에 형성하는 데에 불과한 작은 교회이다. 이제, '웰링턴 한인 감리교회'의 영향력을 잃어버린 몇가지 이유를 밝혀 앞으로의 목회에 경계를 삼으려 한다.

Rev. Jeong Whan Lee

가난

'웰링턴 한인 감리교회' 최초의 시련은 "가난"에서 시작하였다. 작은 교회를 일부러 찾아 온 최초의 교인은, 교회가 작은 만큼 위축된 생활을 하고 있었다. 사람이 많은 교회에는 갈 수가 없어서 작은 교회를 찾아온 것이었다. "작은 것"을 만나면 예수는 감사(요한복음 6:11)하였고, "가난"을 만나면 예수는 축복(마태복음 5:3; 누가복음 6:2)하였다. 위축된 교인은 감리교회의 축복이었다. 단 한 가정이었지만, 교회를 통하여 예수의 삶을 경험하고 가난한 사람과 함께 하는 초대 교회의 삶(갈라디아서 2:10)을 경험하였다.

하지만 문제는, "가난"이 현실에서 부딪치는 삶의 문제를 해결하지 못하는 것에 있었다. 문제를 당장에 해결하기 위하여는 도울 수 있는 힘과 높은 자리가 필요했고, 자신의 행복을 위하여는 가난하고 작은 교회에서 벗어나야 하였다. 그래서 문제 해결에 도움이 되지 않는 교회를 떠나야 했다. 그런 방법으로 현실 문제를 해결하는 과정에서 '웰링턴 한인 감리교회'는 불쌍한 가정을 돕지 않는 작은 교회가 되었다.

가장 어려웠던 것은, "해결할 힘이 없다는 것"이 교인들 사이에서 교회를 비난하는 조건이 된 것이었고, "내세울 것 없는 작은 교회"가 교인들 사이에서 부끄러워하는 조건이 된 것이다. 예수께서 복이 있다 하며 가르치신 "가난"이, 교회 안에서 비난과 부끄러움이 되었다.

인구 이동과 성경 공부

'웰링턴 한인 감리교회'는 매년 20~40 여명의 새로운 교인들이 등록하고, 그와 비슷한 숫자의 교인들을 송별하는 교회이다.

"Wellington Korean Methodist Church's Failure Answered in Hope" (Korean)

대략 50%의 교인들이 매년 다른 도시는 물론 한국으로 돌아가고, 호주 캐나다 등으로 이주한다. 짧게는 1 개월 미만, 보통 3 개월에서 6 개월, 길게는 1 년에서 2 년을 거주하고 이주한다. 유학을 목적으로 웰링턴에 거주하는 경우와 마찬가지로 영주를 목적으로 거주하는 경우에도 정착하는 가정이 적다.

이주로 인하여, 1 년 이상 교회교육을 지속하기가 어렵다. 또한 교육을 마쳤다 하더라도 교육을 결과를 웰링턴에서 볼 수는 없다. 목회 9 년 만에, 2 년 이상 교회에 출석하는 가정은 청년을 포함하여 3 가정이다. 개척 초기에는, 지속적인 교육계획을 세우고 실천하려고 노력하였으나, 점차 주제별 단기 성경공부로 변환되었다. 이주하는 교인들을 위하여 예수의 삶과 복음의 실천에 그들의 삶을 집중할 수 있도록 하였다. '웰링턴 한인 감리교회'를 떠나서도 예수의 삶을 살 수 있도록 기초를 세우는 것이다.

'웰링턴 한인 감리교회'는 교파와 종교를 초월하여 모이는 교회이다. 타 교단은 물론 타 종교임에도 불구하고 예배와 교회생활에 함께 참여한다. 웰링턴 생활 정보를 찾아서 새롭게 교회를 찾는 방문자가 많은 것도 교회의 특징이다. 교회에 처음 나오는 이들에게는 모두가 가만히 앉아서 경건하게 예배드리는 개척 초기의 예배가 교회를 다시 찾지 못하게 하는 요인이 되었다.

현재 예배는 한국 교회의 전통 예배 형식을 따르지만, 예배 인도자와 설교자만 아니라 모두가 역동적으로 예배에 참여할 수 있도록 노력한다. 하나님께서 춤추게 하시는 시편을 설교하면 예배 공간을 둥글게 조정하여 모두 함께 춤을 추고, 죄있는 자가 돌로 치라 하시는 예수의 말씀을 설교하면 예배에 참석하는 모두에게 돌멩이를 하나씩 들고 예배처소에 들어가서 제단에 그 돌을 내려 놓도록 하는 것 등이 그러한 노력이다.

한국 교회와의 갈등

교회를 처음 찾는 이들과 함께 드리는 예배와 용어사용은, 한국에서부터 오래 교회생활을 계속해온 성도들에게는 낯선 것이 사실이다. 특히, '개역성경'의 용어를 '새번역'이나 '공동번역'으로 새롭게 소개하면 "성경말씀이 거룩하지 않다"고 응답하는 경우가 많다. 하지만, '개역성경'의 용어를 사용하면 뉴질랜드 웰링턴에서 신앙생활을 시작한 사람들은 대부분 그 말씀을 이해하지 못하고 만다. 교회를 처음 찾는 이들이 이해할 수 없는 한국 교회의 용어가 많은 것이다.

한국에서 축복기도를 많이 받고 뉴질랜드로 이주한 경우에는 문제가 심각하다. '웰링턴 한인 감리교회'에서는 공개적으로 축복기도를 하거나 봉사한 일에 대하여 칭찬하거나 하지 않기 때문이다. 교회에서 봉사하는 일이나 칭찬받는 일들은 몇몇 사람들에게 편중되는 경향이 있다. 특별히 축복하고 칭찬하는 이런 교회 생활은 처음으로 교회에 나온 이들에게 낯설고 이해하기 어려운 경우가 많았다. 이런 문제를 해결하기 위하여, 교회 임원에게는 한국 교회에서 경험한 교회생활을 말하는 것을 경계하기도 하였다.

목회자의 자질

다양한 사회의 삶을 경험하지 못한 목회자는, 경험하지 못한 삶의 요청에 응답하기가 어렵다. 하나님의 말씀은 각자의 삶의 자리에서 '자기 삶의 언어'로 고백되고 적용되어야 한다. 다양한 사회의 삶을 경험하지 못한 목회자는 경험하지 못한

"Wellington Korean Methodist Church's Failure Answered in Hope" (Korean)

삶의 요청에 대하여 하나님의 말씀으로 응답할 수가 없는 것이다. 그래서, 사람을 만나면 그 사람들이 모두 선생님이다. 상처를 주는 사람이든, 행복을 가져오는 사람이든, 누구이든지 각기 자기의 삶을 살고 있는 하나님께서 보내주신 선지자요 복음이다. 목회자에게는 그렇다.

'웰링턴 한인 감리교회'의 목회자는, 사람을 만나는 경험이 부족한 목회자였다. 목회현장에서 만나는 다양한 사람들의 삶의 문제에 그들의 삶을 예수의 삶으로 이끌어 낼 수 있도록 응답해 본 경험이 부족한 목회자였다. 만나는 사람들마다 새로웠고, 새로운 만큼 그들의 삶의 형태는 목회자가 경험하지 못한 삶이었다. 그들이 가져온 낯선 "삶의 자리"에서 하나님의 말씀을 "삶의 언어"로 고백하고 적용하는 것은 서툴 수 밖에 없었다.

웰링턴에는 한국만큼 풍부한 신학을 논의할 환경이 없다. 도서자료가 빈약한 것은 물론이고, 문제를 붙들고 함께 씨름할 동료도 부족하다. 하나님의 말씀을 새롭고 다양한 삶에 적용할 수 있도록 함께 삶을 살아주는 멘토도 부족하다. 이러한 모든 부족함이 사실은 목회자의 부족한 삶의 경험을 반영한다. 모든 것을 갖추고 목회하는 것이 가능할까? 사도 바울도 자신은 과정 속에 있다고 고백하였다. 하지만 서툰 응답은 서로에게 언제나 괴롭고 아프다.

성경과 교회와 신학과 기도는 세상에서 사람들의 다양한 삶의 문제에 응답하여야 한다. 말씀이 육신이 되신 예수의 삶이 지금 이곳 웰링턴에서 만나는 수많은 사람들에게도 세상의 언어로 적용되어야 하고 육신의 삶으로 표현되어야 한다. 웰링턴에서 한인 목회를 꿈꾸는 사람들은, 한인 목회의 현장에서 서로에게 목회자가 되어주고 선생님이 되어주고 친구가 되어 줄 동역자를 찾아야 한다. 찾아서 배우고 경험해야 한다. 좋은 동역자와 함께 할 수 있도록 노력하고 기도해야 한다. 사실, 목회자에게는 만나는 모든 사람들이 선생님이고 목회자이다.

5. 웰링턴 한인 감리교회의 미래

본격적으로 한인 사회가 형성된 것은 십수년에 불과하지만, 뉴질랜드 교민 사회는 교민 1.5 세와 2 세들의 정체성 문제를 논의하기 시작하였다. 2008 년 7 월 18-19 일에 개최된 "코위(Kowi 한국과 뉴질랜드를 함께 부르는 애칭) 컨퍼런스(Kowiana Kimchi & Marmite Conference 2008)"는 교민 자녀들의 정체성 문제를 제기하여 공식화하였다. '웰링턴 한인 감리교회'는 정체성을 찾고 있는 교민사회에 응답할 준비를 갖추어야 할 것이다.

교민 1.5 세와 2 세

정체성 문제는, 이민자만의 문제가 아니라 유학생들을 포함하여 전체 한국 교민의 문제이다. 특히 1.5 세와 2 세들, 그들은 분명한 한국인이다. 특별히 뉴질랜드에서는 그렇다. 뉴질랜드의 민족성은 민족의 조상과 뿌리를 거론하지 않고서는 이야기 할 수 없다. 지난 2006 년 뉴질랜드 전국 인구조사 설문결과는 스스로를 뉴질랜드인이라고 말하는 사람들이 단지 10%에 불과하다는 사실을 보여주었다. 자신이 속한 민족을 이중으로 선택할 수 있는 항목임에도 그러한 결과가 도출된 것은 주목할 필요가 있다. 이는, 뉴질랜드 시민권을 가지고 있는 사람들까지도 뉴질랜드 전체 인구의 90%는 자신의 조상과 뿌리에 기대어 자신의 정체성을 주장하고 있다는 증거이다.

"Wellington Korean Methodist Church's
Failure Answered in Hope" (Korean)

2026년까지 뉴질랜드의 아시아 인구는 2006년 대비 두 배로 늘어서 전체 인구의 13% 이상이 될 것으로 예상한다고 한다. 뉴질랜드에서 아시아 인구의 숫자가 뉴질랜드 원주민인 마오리의 인구를 넘어서게 된다는 뜻이다. 마오리와 영국 사이의 이중문화를 국가의 토대로 삼고 있는 뉴질랜드에서 이런 변화는, 뉴질랜드에서 진정한 다중문화를 논의하는 계기가 마련되는 것이다. 뉴질랜드 사회는 다중문화 속에서의 정체성 논의를 요청받고 있는 것이다.

한 몸을 이루는 각 지체가 제각기 정체성을 찾고 역할을 잘 감당할 때에 몸이 건강하다. 하나님께서 뉴질랜드 한국 교민 1.5세와 2세에게 특별히 주신 정체성이 있다. 그것은 한국에 사는 한국인에게 주신 정체성과는 또다른 "뉴질랜드에 사는 한국인"이라는 정체성이다. "믿음의 사람"은 아브라함이 그러하였던 것처럼 하나님께서 부르시는 바로 그 자리에서 믿음으로 응답하며 사는 사람들이다. 교민 1.5세와 2세들에게 뉴질랜드라는 곳은 하나님께서 부르시는 바로 그 자리이다.

언어와 가치관 문제

소리 문자 몸짓 등으로 구성된 언어는, 마음을 표현하는 의사소통의 기본수단이다. 또한, 언어는 가치관과 밀접하게 연결되어 있다. 한국 사람은 한국말과 몸짓으로 의사를 소통하지만, 교민 1.5세와 2세들은 대부분 한국어로 의사소통을 하는 데에 서툴다. 그들이 한국말에 서툴다면 서툰 그만큼, 가치관의 문제도 한국과는 다른 부분이 있다고 보아야 한다. 그만큼 언어와 가치관은 밀접하게 연결되어 있다.

언어는 사용하는 만큼 자연스럽게 습득되는 것이니, 교민 1.5세와 2세에게 언어 문제가 생기면 그 문제만큼 교민

Rev. Jeong Whan Lee

1 세와의 의사소통에 문제가 생겨있었다는 것을 짐작할 수 있다. 뉴질랜드에는 이미 정체성의 문제와 더불어 세대 간의 의사소통 문제가 생겨 있다. 하지만 '웰링턴 한인 감리교회'는 문제의 책임이 어디에 있는지를 질문하지 않는다. 문제의 책임에 대한 질문과는 무관하게, 세대 간의 의사소통 통로를 마련하려는 것이다.

첫째, 교민 1 세는 지켜야할 언어와 가치관을 지키고 존중하고 다음 세대에게 물려주어야 한다. 언어는 가치관과 밀접하게 연결되어 있으니, 교회에서 정확한 한국어 사용하여 듣고 말하고 읽고 쓰고 볼 수 읽도록 하여야 한다. 둘째, 교민 1.5 세와 2 세는 영어로 의사소통을 하는 세대인 것을 존중받아야 한다. 그들의 가치관은 교민 1 세가 영어를 이해하지 못하는 만큼 다른 것이다. 교회는, 그들이 자유로운 삶을 도전해 볼 수 있을 만큼 열린 예배와 믿음의 공간을 만들어야 한다. 세째, 함께 삶을 공유하는 장소를 마련하여야 한다. 교회는, 교민 1 세와 교민 1.5 세와 교민 2 세가 한 자리에 함께 모여서, 함께 복음을 듣고, 함께 복음을 고백하고, 함께 복음을 묵상하고, 함께 복음을 실천하는 믿음의 공동체가 되어야 한다.

문화와 공간 문제

뉴질랜드 웰링턴에 있는 '웰링턴 한인 감리교회'는, 한국에 있는 한인 감리교회가 아니다. 뉴질랜드 웰링턴의 삶과 문화에, 예수의 삶으로 응답하는 교회가 되어야 한다. 한국 교민 1 세가 주장하기 쉬운 한국의 삶과 문화에 단순히 응답하는 교회가 아니다. 뉴질랜드 웰링턴의 삶에 예수의 삶으로 응답하는 교회, 부활하신 예수 그리스도의 공동체가 되어야 하는 것이다.

"Wellington Korean Methodist Church's
Failure Answered in Hope" (Korean)

교민 1 세가 가져온 한국의 무 씨앗를 웰링턴에 심으면 뉴질랜드를 닮아서 뿌리가 줄어들고 줄기가 무성하게 자란다. 한국 고추 씨앗을 웰링턴에 심으면 대부분 고추가 열리지 않고 고추 잎만 무성하게 자란다. 고추를 따려면 온실을 따로 만들고 온도와 토양을 바꾸어 주어야 한다. 한국의 참깨 씨앗을 심으면 웰링턴에서 잘 자란다.

한국인의 삶과 문화 문제도 그와 많이 닮았다. 한국인의 삶과 문화 또한 뉴질랜드 웰링턴의 삶과 문화에 응답하여 한국과 뉴질랜드를 서로 이해하고 존중하는 삶으로 변형할 것은 변형하고, 지킬 것은 지키면서, 뉴질랜드 웰링턴에 있는 '웰링턴 한인 감리교회'가 되어야 할 것이다.

6. 맺는 글

감리교회 요한 웨슬리는 하나님께서 부르신 자신의 삶의 자리에서 가난한 사람들의 삶의 요청에 응답하였다. 초기 뉴질랜드 한국 이민 교회는 하나님께서 주신 뉴질랜드라는 새로운 삶과 살아있는 변화의 토양에 단순히 기존 한국 교회라는 나무를 이식하여 심는 것으로 응답하였다. 그 결과는 갈등과 대립과 긴장이었다. 뉴질랜드 웰링턴에 떨어진 복음의 씨앗이 웰링턴의 문화 기후에 맞추어 자라는 것을 한국식으로 가꾸려고 노력했기 때문이 아닐까? '웰링턴 한인 감리교회' 가 겪은 실패의 역사는 그렇게 질문하는 것을 허용한다.

새로운 시대에 하나님께서 주시는 은혜에 응답하고, 변화하는 삶의 환경에서 하나님께서 주시는 말씀에 응답하는 것은, 아브라함과 같이 순종하는 사람에게 가능한 일이다. 깨어있던 다섯 처녀와 같이 준비하고 깨어있는 사람에게 가능한 일이다. 사도 바울과 같이 예수에게 사로잡혀 달려갈 길을 가고 있는

Rev. Jeong Whan Lee

사람에게 가능한 일이다. 하나님께서 각자에게 주신 복음에 응답하여 실천하려고, 함께 협력하는 열린 마음이 있는 모든 사람들에게 가능한 일이다.

이곳에는 '웰링턴 한인 감리교회'의 지난 9년 목회 가운데에서 커다란 줄기만을 선별하여 소개하였다. 전체를 가늠하기에 어려운 점도 있겠지만, 대략의 역사 만으로도 목회의 흐름과 방향을 짐작하기에는 충분할 것같다. '웰링턴 한인 감리교회'가 뉴질랜드에 최초로 심어진 한국 감리교회의 씨앗을 30 배 60 배 100 배로 결실할 수 있기를 바란다. 뉴질랜드 웰링턴 한국 교민 사회에 예수 그리스도의 삶으로 응답하기를 바란다.

Epilogue

이 책의 편집을 맡게 된 계기는 SBL (Society of Biblical Literature) 국제 성서 학회와 함석헌이다. 지난 7 월에 뉴질랜드에서 있었던 학회에 참석해 "The Economics and Theology of Salvation in Adam Smith and Hegel" 이라는 제목으로 발표를 하고 시드니로 돌아 온 후, 반가운 이메일을 하나 받았다. 개인적으로는 국제 성서 학회에서의 첫 발표였을 뿐만 아니라 경제학과 신학을 연결하는 학제간 연구 결과를 제시하는 발표였기에 무사히 마쳤다는 안도감에 감사한 마음이었다. 그 여운이 채 가시기도 전에, 호주와 뉴질랜드의 한국 감리교를 소개하는 글을 모아 책을 편집할 수 있는지 문의하는 출판사의 편지를 받는다. 소중하고 의미 있는 일이겠지만 망설여지는 몇 가지 이유가 있었다. 우선 중요한 논문을 마무리 하여야 하는 바쁜 시기였기에 출판 예정일에 맞추기 어려운 사정인데다, 비록 이곳 웨슬리 신학 대학에서 가르치고 있지만, 한국 감리교 교단의 배경이 없는 필자는 감리교의 사정을 잘 알지 못하는 터였다. 따라서, 일의 소중함을 알면서도 선뜻 대답하기 어려웠는데 이메일 속에 담긴 내용 중에 낯익은 이름을 보고 그런 염려는 사소한 일이 되어 버렸다.

함석헌! 오래 만에 들어보는 가슴 시원한 이름이다. 한국을 떠나 외국 생활을 한 지도 18 년, 일본에서 잠깐 머문 기간 이외에는 대부분의 세월을 이곳 시드니에 살았다. 이민 1 세대의 삶은, 새롭게 뿌리 내리는 것이 가장 긴박한 현실이기에 이상과 꿈은 늘 현실 앞에 무릎 꿇고 말지만, 그래도 어리석을 만큼 큰 이상을 품고 사는 사람은 밤 하늘에

Epilogue

별처럼, 현실이 어두울수록 더욱 소중하다. 함석헌은 젊은 날의 필자에게 그러한 사람으로 기억되고 있다. 이민의 긴 세월 속에서 누구도 함석헌 이야기를 꺼내는 이를 만나보지 못했는데 낯선 땅 이곳 시드니에서 이렇게 그 이름을 미국에서 보내온 이메일에서 다시 듣는 것 만으로도 한 길을 걷고 싶었던 오랜 스승과 친구들을 다시 만난 것 같은 기쁜 마음에 부족한 줄 알면서도 어려움을 뒤로한 채 이 일을 흔쾌히 맡는 이유가 된다.

돌아보면, 필자가 속한 군 부대에서 가장 나이 많은 병장으로 군 복무를 마친 후, 경제학 박사 과정 한 학기를 끝내자 마자 모든 것을 접고 다시 빈손으로 시작했던 해외 생활이, 이렇게 오랜 세월 나그네의 삶으로 이어질 줄은 몰랐다. 일본에서의 경제학 공부 계획은 2 년간의 신문 배달 경험과 함께 접고, 철학을 공부하기 위해 더 멀리 이곳 시드니로 왔다. 그리고, 철학에서 다시 신학으로, 이민의 여정만큼이나 숨가쁘게 달려온 학문의 훈련. 젊은 날의 꿈과 이상은, 살던 모든 자리를 내려놓고 늘 빈 손으로 다시 떠나는 길을 가르쳐 주었다. 비가 내리는 날, 자전거에 수북이 신문을 쌓아 새벽 바람을 가르며 달리는 경제학 전공의 동경 유학생이, 거리도 모르고 영어도 못하면서 생활을 위해 택시 핸들을 잡은, 철학 전공의 시드니 유학생으로 그리고 다시 초라한 신학생으로 달려온 세월, 어느덧 이제 아이 넷의 가장이 되어 있다. 감사할 일이 어디 한 두 가지 일까 마는, 의미를 놓지 않고 달려온 걸음이 그저 좋을 뿐이다. 현실에 머물기 보다 넘어져도 이상을 향해 가고 싶은 사람의 꿈을 함석헌의 글을 통해 보았기 때문이다.

일을 덥석 맡았지만, 처음부터 일은 어려움에 부딪힌다. 교단의 벽이 종교간의 벽보다 더 높은 것은, 좁은 마음에 믿음의 씨를 뿌린 우리네 자화상이다. 마음을 열기 보다 닫고 사는 현실은 이민 교회도 예외는 아니다. 척박한 이민의 삶

Epilogue

속에서, 교회는 상처를 치유하는 터전이기도 하고 갈등을 생산하는 싸움터도 된다. 갈라진 마음에 투영된 세상은 언제나 갈라진 모습뿐, 그 끝없는 대립과 분열 속에서도 신앙은 뿌리를 내려 이름 없는 곳에서 소박한 꽃을 피어 내는 것. 그것이 해외 한인 이민자들의 신앙의 자화상이다. 하늘과 땅을 잇는 믿음의 하이웨이, 그것이 그리스도의 십자가와 부활이라면, 갈라진 마음에 새로운 신뢰가 싹트기를 바라는 마음으로, 얼굴도 이름도 모르면서 호주와 뉴질랜드 여기저기서 흩어져 사역하는 한 분 한 분 글을 모았다. 이 책은 그 결과이다. 남의 나라에서 한국인으로 산다는 것, 언제나 눈물과 고민을 던져 주지만, 그러나 끝없이 하늘을 보며 걸어가는 이가 있어 그 의미를 새롭게 배운다. 부족한 줄 알면서도, 자신의 사역의 실패와 희망을 가감 없이 남겨준 소중한 글의 행간에는, 이민 생활의 어려움 속에서도 믿음의 뿌리를 내리는 호주 뉴질랜드 한국인들의 치열한 신앙적 고뇌와 눈물이 담겨 있다. 이 글들이 호주뿐 아니라 한국과 미국 그리고 여러 나라에 흩어져 사는 한국인 또는 한국학 관련자에게 소중한 문헌이 될 수 있기를 바라면서, 참여해주신 모든 분들 (이상택, 오경수, 박웅걸, 김기윤, 양명득, 권순형, 이정환, 신동국, 박기성, 이상 9분), 그리고 어려움을 이해하고 격려와 믿음을 보내준 Hermit Kingdom 출판사와 함석헌 시리즈의 편집 책임을 맡고 있는 김희락 교수에게 감사한다. 아빠의 글을 늘 읽어 주며 조언하는 큰 딸 소라에게도 고마움을 표하며, 작은 책이지만 소중한 자료가 되기를 바란다. 신학교 교단에 서서 가르치면서, 해마다 졸업생을 내보내는 마음은 언제나 부끄러움과 아쉬움이듯, 책을 마무리하는 마음 역시 마찬가지. 죽은 듯 메마른 가지에서 해마다 이 맘 때가 되면 더 없이 고운 보라색 꽃을 다시 피우는 자카란다를 소재 삼아 적었던 단상으로 시드니 풍경을 전하면서 후기를 마무리한다.

Epilogue

자카란다
오늘은 아침부터 비가 내렸다. 이슬비가 내리는데 정훈이를 앞세우고 돌아 보는 동네 한 바퀴. 일요일 아침이라서 인지 골목을 돌아 한 참을 걸어도 한적한 길에는 사람도 차도 보이지 않는다. 비에 젖은 공기에 손 끝이 차가운데 바람이라도 불면 얼굴을 와 닿은 감촉이 눈처럼 날리는 낙엽만큼이나 신선하다. 삶은 끝 없는 여행인 탓일까, 며칠 째 아프다고 보채는 정훈이 때문에 요즘 따라 더욱 지쳐 보이는 아내, 혼자 가겠다는 산책 길에 정훈이를 유모차에 태우고 비닐을 씌워서는 작은 우산 하나 같이 쓰고 따라 나섰다. 해 줄 수 있는 것이 없어 안타까울 때마다 힘이 들어도 같이 갈 수 있다면 그것이 행복이라 믿고 그렇게 지금까지 살아 온 것을……
거리는 언제나 풍경화다. 비 젖은 보라색 자카란다 꽃잎이 거리에 누워 비 내리는 하늘을 바라보고 있는 모습, 세상에 태어나서 가슴에 그려 간직하고 싶은 몇 안 되는 풍경화다. 어찌 아름다움이 꽃잎에만 있을까 마는 아무리 거친 마음도 그 앞에 서면 이름도 얼굴도 잊고 마주 서는 세상이 있어 좋았던 보라색 꽃, 자카란다. 일년을 다시 기다려 오늘을 맞이 했는데 마당 가득히 눈처럼 내려도 찾아 온 줄 모르고 지내다가 오늘에서야 만나, 가슴에는 작은 파문이 인다. 이렇게 고운 꽃을 들고 밤새 거리마다 수를 놓고는 이른 아침 이 비 속에 또 어디로 갔는지 알 수 없지만 사랑이 머물다 간 흔적이 남아 삼 백 예순 다섯 날의 기다림이 작은 미소로 얼굴에 머문다. 그래서인지 이렇게 비 내리는 오늘 같은 날엔 고개 들어 하늘을 보고 싶다.
또 졸업을 한단다. 만나면 헤어지는 것이 세상의 일이지만 고운 마음 채 나누기도 전에 떠나는 사람들. 이 넓은 세상 수 많은 얼굴 중에서 이곳 시드니에 나그네로 살다가 진실을 묻는 길에서 만난 소중한 사람들. 서로가 지쳐 때로는 손에 쥔 사랑도 보지 못하고 흔들리던 때가 엊그제 같은데 또 다시

Epilogue

찾아 온 사은회. 부끄러워도 가야 하는 곳이기에 가긴 가겠지만 차라리 거지로 산다 한들 이 보다 더 수줍지는 않지 싶은 마음이 드는 것은 비가 내리는 탓만이 아닐 터이다. 두 눈으로 볼 수 있는 사랑의 크기가 얼마일까 마는 비에 씻긴 고목의 줄기에 저렇게 곱게 피어 내리는 꽃처럼 나도 훗날 그렇게 꽃이 되어 내리고 싶다. 오늘이 설령 주님 오시는 날이라 해도 마지막 순간까지 꽃이 되어 살고 싶은 마음 알아나 주듯 고운 세상 한 없이 가슴에 품고 비에 젖은 몸을 실바람에 던지는 꽃잎이 있다. 사랑하는 사람아……

양용선
비크라프트, 시드니에서

About The Authors

From Australia

Sang Taek Lee (이상택)

Rev. Dr. Sang Taek Lee is a minister of the Uniting Church. He studied at the Methodist Theological Seminary and the United Graduate School of Theology in Yonse University before migrating to Australia 1980. He was ordained by the Korean Methodist Church in Korea. He has MA and PhD from the University of Sydney in Australia and a D.Min from the San Francisco Theological Seminary. He was awarded a " Order of Australia Medal" (OMA) from Australian government. He has written a number of books and poems including "New Church, New Land" and "Religion and Social Formation in Korea." He has a wife Eunice Lee and a son Wesley, daughter in law Grace and a grand daughter Edel.

Kee Yoon Kim (김기윤)

Rev. Kee Yoon Kim is a minister of the Korean Uniting Church in Canberra, Australia. He studied at Methodist Theological Seminary, Seoul, Korea. He holds Th.M. from Methodist Theological Seminary, Seoul, Korea, and United Theological College, Sydney, Australia. He lives in Canberra with his Wife, Kyo Ah Chung, one Son, Wesley Juho Kim.

About the Authors

Kyung Soo Oh (오경수)

현재 아들레이드 한인 교회 담임목사. 아들레이드 한글학교 교장. 목원대학교에서 신학학사와 석사를 마치고, 뉴커버넌트국제대학교 신학박사, 프린더스대학교 철학박사. 오클랜드 한인 연합교회, 시드니 사랑의 교회 담임. 목원대학교, 파킨 웨슬리 신학대학, 시드니 웨슬리 신학대학에서 가르침.

Myung Duk Yang (양명득)

시드니 대학 졸업, 호주 연합신학대학 졸업. 미국 샌프란시스코신학대학원 목회학 박사. 호주연합교회 주총회 다문화선교 총무. 호주연합신학대학 방문교수. 호주디아스포라연구원 원장. *호주이민 한인교회 30 년* (2004), *Crossing Borders: Shaping Faith, Ministry and Identity in Multicultural Australia* (2006), *호주한인 50 년사* (2008)등을 편집하거나 집필함.

Hugh Park (박웅걸)

현재 Ryde Uniting Church, Sydney, Australia 담임. 한양대학교 음악대학 졸업. 대한 예수교 장로회 (통합측) 신대원 입학. 1991 년 호주 유학. 1999 년 호주 연합교단 신학대학 신대원 및 ThM. 2000 년 목사안수 및 Mortdale Uniting Church 취임.

About the Authors

FROM NEW ZEALAND

Jeong Whan Lee (이정환)

현재 뉴질랜드 웰링톤 좋은 교회 담임

Dong Guk Shin (신동국)

현재 뉴질랜드 해밀턴 감리교회 담임. 아세아연합신학대학 졸업. 협성대학교 신학과 졸업(학사편입). 협성대학교 신학대학원. 퇴계동감리교회 개척담임. 유학생을 위한 열린문 교회 사역 및 오클랜드 한국 학교 교사 봉사.

Philip Park (박기성)

현재 뉴질랜드 더니든 우리 감리 교회 담임. 감리교 협성 신학 대학 졸업. 동 대학 신학대학원 졸업. 인천숭의교회 교육, 체육 전도사 역임. 남태평양 피지 선교사 역임.

VOLUME EDITOR

Yong-Sun Yang teaches Systematic Theology at Wesley Institute in Sydney, Australia. His academic training is in Mathematics, Economics, Philosophy, and Theology. He lives in Sydney with his wife, Mi-Hea, three daughters, So-Ra, So-Ri, and Ha-Neul, and one son, Jeong-Hun.

www.ingramcontent.com/pod-product-compliance
Lightning Source LLC
Chambersburg PA
CBHW021840220426
43663CB00005B/328